LECTURAS DE ESPAÑOL DE NIVEL INTERMEDIO

중급 스페인어 강독

| 한국외국어대학교 스페인어통번역학과(편) |

HU:iNE

▲ 스페인의 전통 먹거리 하몬(Jamón)

▲ 스페인 카스티야지방의 전통음식 코치니요 아사도(Cochinillo asado)

▲ 스페인 발렌시아지방 기원의 전통음식 파에야(Paella)

▲ 세계적으로 유명한 스페인의 막대사탕 추파춥스(Chupa-chups)

▲ G-20 회의(2010.11) 참석차 한국을 방문한 스페인의 호세 루이스 로드리게스 사파테로(José Luis Rodríguez Zapatero) 총리

▲ 테르툴리아(Tertulia)의 한 장면

▲ 벨라스케스의 *Las Meninas*

▲ 벨라스케스의 *La Rendición de Breda*

▲ 벨라스케스의 *La Fragua de Vulcano*

▲ 마드리드의 벤타스 투우장(Plaza de Ventas)

▲ 페루의 잉카유적지 마추픽추(Machu Picchu)

▲ 멕시코 테오티우아칸(Teotihuacán)문명의 피라미드

▲ 멕시코의 벽화(El Mural)

▲ 멕시코 마야문명의 치첸이차(Chichen Itza) 피라미드

머리말

남송시대의 유학자인 주자(朱子)는 책을 읽는 방법을 독서삼도(讀書三倒)란 말로 제시한 바 있다. 즉 책이란 눈으로 보고(眼到) 입으로 소리 내어 읽고(口到) 마음에서 얻는 것(心到)이라는 것이다. 주자는 이 중에서 제일 중요한 것은 심도라고 하였다. 주자는 또한 "책을 거듭 읽다 보면 경전의 뜻은 저절로 드러난다(讀書百遍經義自見)"라고도 하였다. 물론 주자가 권하는 독서법은 바람직한 책읽기를 위한 일반론에 속한다고 할 수 있다.

아전인수식의 해석일지 모르지만, 우리는 주자의 독서이론이 외국어, 특히 바람직한 〈강독〉 학습법과 일맥상통한다고 본다. 〈강독〉은 '눈'과 '입'과 '마음'의 변증법적 통합이 이루어져야 하며, '회화'와 '문법', '지역학적 지식'의 삼위일체가 요구되는 어학공부의 '결정판'이기 때문이다. 〈강독〉은 소리 내어 읽어야 하니 회화의 정확한 발음과 유창함이 요구된다. 문형을 이해하기 위해서는 문법지식과 어휘력 또한 필수이다. 게다가 해당 지역의 역사, 문화에 대한 지식이나 인문사회과학적인 상식이 없다면 자칫 '장님이 코끼리를 만지는'식의 의미론적 오류를 범하기 쉽다. 한 마디로 〈강독〉은 외국어 습득의 개별 지식들이 모인 어학의 '교향악'에 해당하니, 외국어의 전반적인 요소들을 종합적으로 향상시키는 데에는 〈강독〉만큼 좋은 학습법도 드물다.

이번에 펴내는 〈중급스페인어강독〉은 '중급'이라는 수식어에서 알 수 있듯 〈강독〉능력을 향상시키기 위한 심화과정이다. 대학의 스페인어 전공 교과과정을 기준으로, '초급스페인어강독'이 1학년 학생들의 눈높이에 맞추었다면 이 책은 대략 2~3학년학생들의 수준에 해당한다고 하겠다. 스페인어 기본 지식을 보유한 학습자를 대상으로 읽기, 문법, 어휘력, 독해, 관련지식 등 스페인어학습의 여러 요소들을 종합적으로 검증하고 심화시키기 위한 목적을 지니고 있다. 이 책의 주요 특징은 다음과 같다.

- 흥미 있는 이야기, 스페인 중남미의 역사와 문화, 스페인 중남미의 문학, 실용적이고 시사적인 내용 등 총 4개의 영역으로 지문을 구성하였다. 수록된 지문의 다양성 덕분에 지루함을 피하고 여러 유형의 표현법과 문형체계, 어휘 등을 고루 접할 수 있게 되었다.

- 직설법에서 접속법까지, 현재에서 과거, 미래까지를 모두 아우르는 문장들을 고루 편성하여 학습자의 문법지식을 문맥을 통해 확인하고 심화할 수 있도록 편성하였다.

- 대학 학부과정에서의 수업용 교재로서 뿐만 아니라 〈FLEX스페인어〉를 비롯한 스페인어 인증시험, 그리고 국가고시 등 주요 시험에 대비할 수 있는 난이도를 구비하였다.

기초과정을 이수한 학습자라면 이미 알고 있듯이, 스페인어는 전 세계에서 가장 널리 쓰이는 언어 중 하나이다. 스페인을 비롯한 대부분의 라틴아메리카 국가들, 그리고 5천만 명에 달하는 미국의 소위 히스패닉계 주민들을 포함하여 약 5억 명에 달하는 모국어 화자가 존재한다. 또한 유럽과 브라질, 미국 등 주요 지역에서 가장 선호하는 제 2외국어로 꼽히며 인터넷 공간에서도 영어에 이어 높은 활용도를 보이고 있다.

소위 글로벌 시대를 살아가는 우리에게 스페인어는 선택이 아니라 필수에 가까운 언어이다. 이러한 추세를 반영하기라도 하듯, 최근 우리나라에서도 스페인어를 배우고자 하는 학습자가 급격히 증가하고 있다. 특히 한-칠레 자유무역협정(FTA)체결(2004년)과 한-페루 FTA 가서명(2010년) 등 스페인어권 국가들과의 경제교류확대 이후 대기업과 정부 공공기관을 중심으로 부쩍 높아진 사회적 관심도를 느낄 수 있다. 라틴문화의 열정에 끌려, 그리고 음악, 미술, 음식, 영화, 스포츠 등 이 지역의 문화에 매료되어 스페인어를 배우고자 하는 사람들도 심심찮게 찾아볼 수 있다.

이 책을 단순한 '애호가' 수준을 넘어 어느 정도 수준 있는 스페인어를 구사하기 원하는 사람들에게 권하고 싶다. 사전을 찾아가면서, 문법지식을 되새기면서, 그리고 관련 지식을 학습하면서 책장을 한 장 한 장 넘기다보면, 그리고 이해되지 않는 부분을 '백 번' 읽다 보면 자신도 모르는 사이에 저절로 향상된 실력을 느낄 수 있으리라 믿는다.

끝으로, "젊었을 때 열심히 배우고, 부지런히 학문을 닦지 않으면, 늙어서 배운 것이 없어 뉘우치게 된다(少不勤學, 老後悔)"라는 주자의 말을 한 번 더 음미하고자 한다. 21세기에 왜 옛 성현의 말을 들먹이냐고 할 지 모르지만, 이 말은 주자가 살던 12세기 보다 소위 '지식정보사회'라고 불리는 오늘날 더 유용하고 가슴에 와 닿기 때문이다. 스페인어 학습자들, 특히 미래의 글로벌 인재를 꿈꾸는 젊은 청년학생들에게 〈중급스페인어강독〉의 열독을 권한다.

2011년 2월

편저자 일동

Índice

El rey y el cocinero

01
LECCIÓN

Cierto rey llama a su presencia a un abad muy sabio y le dice. "Mis consejeros cuentan que no eres bastante sabio para ser el abad del monasterio más importante de este país. Para probar tu sabiduría, deseo hacerte tres preguntas. Si contestas mal, tienes que dejar el monasterio. Por el contrario, si contestas bien, confirmo tu abadía para toda tu vida".

Al oír estas palabras, el abad comprende que los malos consejeros del rey quieren arruinarle.

"¿Cuáles son las preguntas?" dice con humildad.

El rey hace las preguntas que ha preparado. "Primero, ¿cuánto valgo? Segundo, ¿dónde está el centro del mundo? Tercero, ¿qué pienso yo? Tienes un mes para pensar en las contestaciones. Entonces, o confirmo tu abadía o tienes que dejar el monasterio".

El abad vuelve muy triste porque sabe que es imposible contestar bien. Después de casi tres semanas, su cocinero le pregunta. "¿Por qué está Ud. tan triste, señor?"

El abad no quiere contestar, pero el cocinero repite su pregunta y añade: "Yo puedo ayudarle a Ud. Soy solamente su cocinero, pero ya sabe Ud. que una piedra muy pequeña puede mover las grandes carretas".

Por fin, el abad le explica la causa de su tristeza. El cocinero piensa un momento y dice: "La cosa es muy fácil. Si Ud. me presta su ropa, entro esta noche en el palacio, y el rey va a creer que es Ud. quien llega. Le prometo que puedo ayudarle a quedarse aquí toda su vida".

El abad, muy contento, da su ropa al cocinero. Por la noche, éste entra en el palacio. El rey cree que es el abad y exclama: "¿Cómo está Ud., señor abad?"

"Deseo contestar a las tres preguntas ahora" responde el cocinero.

"Bueno, ¿cuáles son las contestaciones?"

"Primero, Su Majestad pregunta cuánto vale. Vale veintinueve dineros si Cristo valió treinta. Segundo, el centro del mundo está donde Su Majestad tiene los pies. El mundo es redondo como una bola, y donde pone Su Majestad los pies ahí está el centro. Tercero, ¿en qué piensa Su Majestad? Piensa que habla con el abad, y está hablando con su cocinero".

El rey queda asombrado.

"Pero ¿es verdad que Ud. no es el abad?"

"Sí, señor", contesta el cocinero, "para tales preguntas soy yo suficiente y el abad no tiene necesidad de venir".

El rey confirma la abadía del abad, y da muchas riquezas al cocinero.

Juan de Timoneda

Un billete de 5 euros

En un cine de una gran ciudad están poniendo un filme muy bueno y muy famoso. Es domingo por la tarde y la sala está llena de gente.

En el momento más interesante se para la proyección y aparece un aviso que dice:

—Hemos encontrado un billete de 5 euros en la puerta del cine. La persona que perdió este dinero puede ir a la puerta y allí se lo devolveremos.

Poco después, un señor viene tranquilamente por la calle con su mujer. Piensa comprar entradas para la función de la noche. Cuando llega al cine ve que hay una cola muy larga de personas y pregunta:

—Por favor, ¿es ésta la cola de las personas que quieren sacar entradas para el cine?

Y le contestan:

—No, señor; ésta es la cola de los que han perdido un billete de 5 euros.

Memo

Chupa-chups

02

LECCIÓN

El chupa-chups es un invento netamente español, fruto del ingenio y espíritu de observación de Enrique Bernat, quien en 1959 revolucionó el mundo del caramelo con el hallazgo de su famoso pirulí. Pero ¿cómo empezó aquello? Bernat no era nuevo en el mundo de la confitería. Desde su infancia trabajó en la fábrica de caramelos que tenía su abuelo en la calle Carders, de Barcelona. Había visto los quebraderos de cabeza que el negocio daba a su familia, y se propuso hacer realidad un sueño: que el caramelo llegara a ser de consumo masivo, y se vendiera por millones de unidades. Para lograrlo necesitaba, además de su entusiasmo, un producto adecuado y una marca. Se puso en contacto con el genial Salvador Dalí, el pintor de Cadaqués, y le pidió que diseñara el envoltorio de un singular caramelo consistente en una bolita de dulce montada sobre un palito. Con todo ello y su pobre infraestructura comercial de la Granja Asturias, el joven Bernat se lanzó a la conquista de los mercados del caramelo. Su éxito no tardó en llegar, gracias a una inteligente campaña publicitaria y la propia bondad del producto: un caramelo con nueve variedades distintas de sabor, con formato novedoso, que hicieron del chupa-chups el primer caramelo del mundo. Los niños podían consumirlo sin pringarse los dedos, gracias al palito que sostenía la bola de dulce, lo que ya era una gran cosa como elemento innovador. Bernat explotó su invento al máximo. Diseñó incluso la maquinaria más adecuada para su fabricación. En la década de los 1960, la madera centro-europea empleada en la fabricación del palito fue substituida por el material de moda: el plástico. También en esa época se cambió el nombre de 'caramelo chups' -como se llamaba-, por el que aún hoy tiene. Para este cambio Bernat aprovechó la cancioncilla de su propia publicidad, que explicaba cómo comer aquel caramelo.

En 1960 era tal la fama del producto que se vendieron cuatro mil quinientos kilos del producto en un solo día, distribuidos por toda España mediante una red propia de pequeños Seat-600. Entonces el chupa-chups costaba una peseta la unidad.

De España, pasó a Francia, donde en 1970 se vendían más de ciento sesenta millones de unidades al año. Después vinieron las aventuras de Inglaterra, Alemania, y el gran salto a los Estados Unidos de Norteamérica. Pocas veces en la historia de la mercadotecnia se ha visto un éxito tan rápido y abultado de un producto tan específico. Si en 1970 el 90% de la producción de chupa-chups se vendía en España, en la década de los 1980 era al revés: el 93% de la producción se vendía en el extranjero. Más de mil millones de unidades se venden en el mundo, y de ellas, doscientos setenta millones en China. En aquel país, la empresa extranjera más importante es Chupa-chups International. En su visita a aquella gran nación, Enrique Bernat hizo las siguientes declaraciones: "Siempre hemos visto a los chinos utilizar palillos para comer; lo que me pareció muy bien. Ahora quiero enseñarles yo a comer caramelos con palillos". Era, evidentemente, un rasgo de humor del inventor del más famoso caramelo del mundo: el español chupa-chups, cuyo mercado e implantación a escala mundial están asegurados.

Memo

03 LECCIÓN

Las tertulias

Una de las costumbres típicamente españolas que forman parte del cotidiano vivir del pueblo es la tertulia. Es una reunión de personas que se juntan para conversar de distintos temas y para distraerse. Hay tertulias de muchas clases. Algunas tienen lugar en casas particulares, pero las más corrientes son aquellas que se reúnen en los cafés o restaurantes. Hay tertulias de pintores, artistas, toreros, políticos, periodistas, escritores o de simples ciudadanos que se reúnen para discutir sobre 'todo lo humano y lo divino'. Generalmente las tertulias son mixtas en el sentido de que se habla de todo. Las más famosas son aquéllas que han sido presididas por algún gran escritor, político o periodista. La personalidad del director es básica en su interés, fama y animación.

Gran parte de la historia política, social, artística y literaria de España ha tenido su punto de partida en las tertulias. Sin ellas no se concibe la vida hispánica. Para mejor comprender el método artístico, el estilo o las ideas de un gran autor, es necesario saber qué ideas expuso en su tertulia. En España han sido famosas, entre otras, las tertulias de Ortega y Gasset, Gregorio Marañón,

Miguel de Unamuno, Federico García Lorca y Valle-Inclán. Muchos poetas han dado las primicias de sus versos en estas tertulias. Es notorio que García Lorca leía muchos de sus más famosos versos en su tertulia. Una de las tertulias más famosas de Madrid era la de Ramón Gómez de la Serna(1888-1963), que se reunía en el café de Pombo. Fue una de las tertulias donde se discutieron y defendieron las nuevas fórmulas estéticas de vanguardia.

La corrida de toros

La torería empezó en Portugal y más antiguamente en la isla de Creta. Y en España los grandes toreros han nacido sólo en el sur de la península. Es la diversión del domingo por la tarde entre las cuatro y las seis. Hay seis toros, dos para cada uno de los tres toreros. Cuando cada torero ha terminado con un toro, el primero vuelve a torear.

La corrida empieza con un desfile en el cual los toreros, acompañados por la cuadrilla y vestidos del tradicional traje de luces, saludan al presidente de la plaza de toros. El presidente da permiso para que empiece la corrida, se toca el clarín y se suelta el primer toro.

Para el torero, el momento de enfrentarse con el toro es 'la hora de la verdad'; tiene una sola oportunidad para matarlo bien. Si el torero falla, ya no ha lucido, y si intenta una tercera vez sin haber matado el toro ya, el público empieza a silbarle. Si acaba bien la lidia, los aficionados sacan un pañuelo blanco que agitan para indicar al presidente su aprobación. Si el presidente concuerda, manda otorgar una oreja del toro muerto al torero. Si siguen los pañuelos agitándose, puede que el torero reciba la segunda oreja, y en el caso de una corrida extraordinaria recibirá también el rabo(la cola).

En España, México, Perú y Colombia, la corrida de toros es uno de los espectáculos públicos más populares. El fútbol atrae un mayor número de aficionados y se considera el deporte nacional en la mayoría de los países latinoamericanos. La corrida es, sin embargo, más que un deporte, porque incluye más ceremonia y tradición. Es una expresión muy auténtica y característica de la gente de habla española.

La fiesta brava es para los valientes. Un hombre no es digno de tal nombre si tiene miedo de demostrar su coraje. La corrida de toros le ofrece al matador la oportunidad de demostrar su valor.

Si además de ser valiente el matador puede colocar las banderillas con gracia y facilidad, y hacer que el toro siga la capa, los aficionados lo aclaman con un resonante "olé". Los admiradores de los matadores demuestran un entusiasmo más fanático por sus favoritos que el que nosotros sentimos por nuestros héroes del fútbol o básquetbol. Para estos aficionados la corrida de toros es una experiencia romántica y fascinante donde sus héroes se cubren de honor y gloria.

El diálogo eterno

04

LECCIÓN

Según Sigmund Freud, psicólogo austriaco, un niño eterno(*puer aeternus*) y un viejo conviven en el mundo interior del hombre. El nieto y el abuelo que llevamos dentro nacieron en el mismo día que 'yo' porque forman parte de nuestro ser. Sin embargo, durante muchos años ignoramos su presencia. Hoy vamos a escuchar su diálogo en sencilla charla en que se encuentra una abundancia de sabiduría y conocimiento que conmueven el corazón.

El Nieto ¿Cuántos años tienes tú, abuelito?

El Abuelo A ver, ¿cuántos me pones?

El Nieto Yo te calculo ochenta años.

El Abuelo Pon cinco más.

El Nieto ¿Qué quieres ser cuando seas más grande?

El Abuelo Me gustaría ser el jardinero de las estrellas.

El Nieto Ahora pregúntame a mí qué quiero ser.

El Abuelo Bien, te pregunto: ¿qué quieres ser cuando seas más grande?

El Nieto Quiero ser Dios.

El Abuelo ¿Dios?

El Nieto Sí, para poder nombrarte el jardinero de las estrellas. Y te pregunto: ¿qué es un amigo?

El Abuelo Es el que te conoce mejor que tu madre.

El Nieto ¿Tienes amigos?

El Abuelo Sólo tú, niño, y nadie más.

El Nieto ¿Tener sólo un amigo no es muy poco?

El Abuelo Sin un amigo no podría vivir y basta con un amiguito tan sincero como tú.

El Nieto Entonces, ¿por qué no estás alegre? ¿No estás contento de mi amistad? Parece que estás triste. ¿Es que te da miedo quedarte solito en la noche?

El Abuelo Estar callado no significa estar triste. No estar contento no quiere decir triste. Y además no me da miedo la oscuridad de la noche porque me acompañan mis recuerdos y los libros para no sentirme solo. ¿Podrías estar contento si alcanzaras un arco iris y no tuvieras a quien contárselo?

El Nieto No. Y tus recuerdos.... ¿Cómo son los recuerdos? Y ¿has alcanzado tú un arco iris?

El Abuelo Los recuerdos son como hoy pensar en lo que hiciste ayer. Y del arco iris, sí, pero ¿quién me creería?

El Nieto ¡Yo te creo!

El Abuelo ¡Tenías razón, estaba yo triste!

El Nieto Yo estoy triste, también, porque ayer vi dos pájaros en ese nido, ahí sobre el árbol. Hoy sólo quedaba uno vivo. ¿Cuál de los dos habrá muerto?

El Abuelo Seguramente el macho.

El Nieto ¿Cómo lo sabes?

El Abuelo Si no, el nido estaría vacío. Ayer por la tarde hubo una guerra entre los pájaros.

El Nieto ¿Qué es la guerra?

El Abuelo Es una pelea a gran escala entre dos grupos.

El Nieto ¿Quién hace las guerras?

El Abuelo Los adultos que se olvidan de los niños.

El Nieto Parece que las tortugas no hacen guerra entre sí y viven más tiempo que otros animales, ¿verdad?

El Abuelo Tienes razón. Pues, porque nunca corren, no tienen prisa por llegar a ninguna parte, sencillamente caminan por la vida. Deberíamos aprenderlas. Casi siempre, por apresurarnos, hacemos mal las cosas y, muchas veces, por correr, no vemos a tiempo la piedra que nos hace caer.

El Nieto ¡Tú siempre tienes razón! Y ¿tú también fuiste

niño?

El Abuelo Sí, claro.

El Nieto Y yo ¿seré algún día como tú?

El Abuelo Sí, claro, ¿cómo no? Si vives tanto como para que algún día un niño te haga la misma pregunta que me hiciste a mí.

El Nieto ¿Qué quiere decir un 'acreedor'?

El Abuelo Es una persona con mejor memoria que el deudor.

El Nieto ¿Qué es ser inteligente?

El Abuelo Es gracia para hablar bien o juicio para callar.

El Nieto ¿Qué es un ladrón?

El Abuelo Es una persona mal educada que entra sin pedir permiso.

El Nieto ¿Qué es un 'vivo'?

El Abuelo Es una persona que se hace el tonto para no trabajar o para ganar fortuna con poca inversión.

El Nieto ¿Qué es la bebida alcohólica?

El Abuelo Es una medicina que no cura el insomnio, pero hace alegre el desvelo.

El Nieto ¿Qué es el amor?

El Abuelo Es el único sentimiento capaz de borrar nuestros pequeños y grandes egoísmos. Los griegos lo llaman 'caritas' que consta de *agape, storgue,* *filia* y *eros*.

El Nieto ¿Qué es el mañana?

El Abuelo Es un día ideal para lo que no hicimos hoy.

El Nieto ¿Qué es la oficina?

El Abuelo Es un lugar para descansar de las fatigas del hogar donde la mujer manda.

El Nieto ¿Qué es el perfume?

El Abuelo Es un olor que se usa para ocultar otro.

El Nieto ¿Por qué cantan los pájaros?

El Abuelo Porque se sienten felices de su libertad.

El Nieto Pero yo también he oído cantar a los que están prisioneros en alguna jaula.

El Abuelo Cierto, muy cierto. Algún día, comprenderás que la libertad interior es algo que nada ni nadie puede aprisionar. Y la libertad interior es el silencio del alma.

El Nieto ¿Qué es ser feliz? Y ¿para qué sirve el silencio?

El Abuelo Es ser siempre auténtico con uno mismo. Y creo que es el mejor amigo para conocernos a nosotros mismos.

El Nieto ¿Eres rico, abuelito?

El Abuelo No soy todo lo rico que quisiera.

El Nieto ¿Cuántos tienes?

El Abuelo Lo que he aprendido a compartir con los demás.

El Nieto ¿Qué es bueno y qué es malo?

El Abuelo Sólo escuchando a la conciencia que plantó Dios en el corazón de cada hombre, podrás saber la respuesta a tus preguntas.

El Nieto ¿En dónde está Dios?

El Abuelo En donde tus ojos lo miren. En donde tu corazón lo sienta. En donde tu inteligencia lo alcance.

El Nieto ¿Por qué te gusta mirar las nubes?

El Abuelo Me gusta mirarlas porque son como las esculturas que cambian de forma y de color. Su escultor es Dios.

El Nieto ¿Por qué tenemos que ser puntuales?

El Abuelo Para respetar el tiempo de los demás. Y después de que te contaron que Adán se comió la manzana que le había dado Eva, ¿qué pensaste?

El Nieto Pensé que el pobre tenía mucha hambre. Y abuelito, yo siempre me río más que tú.

El Abuelo Así es. Tú empiezas a caminar por la vida. Yo empiezo a caminar hacia la muerte.

El Nieto Pero también hay niños que se mueren.

El Abuelo Así es. Pero es más doloroso abandonar la vida cuando has estado largos años acostumbrado a ella, ¿no crees?

El Nieto Tienes razón.

El Abuelo ¿Y esas lagrimitas?

El Nieto Los rocíos que se me escaparon de mi alma.

El Abuelo ¡Amigo, amiguito mío, cuántas, cuántas cosas hermosas voy aprendiendo a tu lado!

Memo

Ruidos

05
LECCIÓN

El despertador interrumpe cada mañana, con un sonido cercano a los 70 decibelios(dB), el sueño de un habitante cualquiera de una gran ciudad. La Organización Mundial de la Salud(OMS) considera la cifra de 55 decibelios como límite máximo de tolerancia del oído humano. Se trata del primer agente contaminante de un día normal, cargado de sobresaltos acústicos. Una tortura sonora que afecta a más de 130 millones de ciudadanos de la Comunidad Europea.

El transporte público o el automóvil(70-80dB) acerca al sufrido ciudadano a su trabajo, donde se ve obligado a escuchar la radio, una megafonía a fuerte volumen y diversas conversaciones airadas(65-80dB). Hasta su despacho llega el ruido de las sirenas de las ambulancias(70dB) y, en ocasiones demasiado frecuentes, el estridente lamento de alguna alarma electrónica estropeada (80-90 dB). El emplazamiento de su casa junto al aeropuerto le obliga a escuchar constantemente el despegar y el aterrizar de aviones de reacción(80-120dB). Algunas noches, antes de acostarse, pasa un par de horas en una discoteca en la que la música suena a todo volumen (100-120dB). Cuando finaliza la jornada ha recibido los mismos impactos auditivos que si trabajase con un martillo neumático o fuese guitarrista de un grupo de rock.

Investigadores médicos aseguran que a partir de estos niveles medios (alrededor de 80 decibelios), a los que está sometido el 70% de la población española, aparecen determinados síntomas, como insomnio, envejecimiento precoz, hipertensión, disfunciones varias, disminución de la productividad y de la capacidad sexual, cefaleas y, por supuesto, hipoacusia(sordera generalmente irreversible). Entre los 30 y los 60 decibelios se ven afectadas las actividades intelectuales; a partir de los 85 se producen lesiones auditivas, y desde los 100 en adelante, el riesgo es padecer sordera.

Actualmente todos los ayuntamientos de las grandes ciudades toman medidas para controlar los ruidos: Mediciones, elaboración de planos acústicos, patrullas especiales de la Policía Municipal para revisar vehículos... Plácido Pereda, jefe de la sección de niveles sonoros de la Agencia del Medio Ambiente del Ayuntamiento de Madrid, está convencido de que el futuro sonoro de las grandes ciudades "pasa inevitablemente por la educación medioambiental(lo que para unos es sonido para los demás puede ser ruido) y por una planificación urbana sólida(separar las zonas con exigencias acústicas diferentes). En los espacios ya construidos de las grandes ciudades, la solución hay que buscarla a largo plazo, limitando el tráfico y reduciendo las velocidades máximas en determinadas zonas. No podemos olvidar que el tráfico es la causa del 90% de los ruidos urbanos. También serían buenas medidas recuperar el uso del tranvía o del trolebús y, por supuesto, apostar por los automóviles eléctricos".

Estudios de la Organización de las Naciones Unidas demuestran que alrededor del 25% de la población de las grandes ciudades sufre trastornos auditivos. La contaminación acústica se ha convertido en los últimos años en una forma grave y específica de polución urbana, que afecta profundamente a los habitantes de las grandes ciudades. Hasta hace no mucho tiempo, este tipo de degradación ambiental ha pasado inadvertido para ecologistas, asociaciones de protección de la naturaleza y ciudadanos de a pie. El ruido de bocinas, motocicletas de escape libre, taladradoras, atascos, martillos neumáticos, gritos humanos y ladridos animales, discotecas, aviones y ambulancias ha pasado a formar parte de la banda sonora de la ciudad, y sus habitantes se han acostumbrado a vivir con esta ensordecedora música de fondo. El doctor Mustafá Kamal Tolba del Programa de las Naciones Unidas para el Medio Ambiente(PNUMA) colocó el ruido en cabeza de las listas de contaminantes. "Es más difícil tomar medidas contra el sonido, como contaminante acústico, que contra la propia contaminación del agua o del aire", aseguró. "El ruido es omnipresente y tiende a aumentar en la medida del incremento industrial mundial, sobre todo debido al aumento del parque automovilístico en las grandes ciudades". "Los efectos para la salud son nefastos", auguraba, "y la sordera es sólo uno de ellos". Frente a los niveles de ruido que soportan los habitantes de las grandes ciudades, los médicos especializados en problemas auditivos sólo pueden recomendar aislamiento y prudencia en el trabajo.

El País Semanal

Una comida memorable

06

LECCIÓN

A mi edad, no me gusta alterar el orden que tengo establecido en mi manera de vivir. ¿Por qué? Porque no he abandonado nunca mi sistema sin haberme arrepentido.

El otro día iba yo por la calle pensando en ciertos materiales para un artículo, cuando una gran mano me dio un horrible golpe en uno de mis hombros. Traté de volverme para ver al individuo que así se anunciaba en forma tan enérgica, pero el hombre me cubrió entonces los ojos y me gritó:

–¿Quién soy? –¡Un animal! –iba yo a decir, pero pensé en quién podía ser y respondí: –Braulio eres.

Al oírme, ríe Braulio como un niño de seis años.

–¡Bien, amigo mío! ¿Cómo me has reconocido?

–¿Quién podía ser sino tú?

–¡Qué coincidencia! ¿Sabes que mañana son mis días? Pues, estás invitado.

–¿A qué?

–A comer conmigo.

–No puedo, Braulio; no me es posible porque...

–¡Nada, nada! Mañana, a las dos. En casa comemos temprano, a la española. Tienes que venir; si no vienes, me vas a ofender.

–Bueno, a las dos, en tu casa –dije con resignación.

Eran ya las dos, y como conocía a mi Braulio, me vestí con calma. Llegué a su casa a las dos y media. No quiero hablar de las palabras ceremoniosas de las visitas: empleados de su oficina con sus señoras y niños y capas, paraguas y perritos. Así pasó más de una hora, hasta que Braulio dijo:

–Vamos a la mesa, querida mía.

–Espera un momento –le contestó su esposa, en voz baja. –Con tantas visitas no hemos podido terminar...

–Bueno, pero ya son las cuatro...

–En un instante comeremos.

Eran las cinco y, por fin, nos sentamos a comer.

–Señores, –anunció Braulio, –¡están en su casa!

Y dirigiéndose a mí:

–¡Ah!, Fígaro, tú no estás cómodo. ¿Por qué has venido tan elegante? No había necesidad de venir con frac. Vas a arruinarlo.

–Pero ¿por qué? –le respondí, un poco disgustado.

–Mira, te daré una chaqueta vieja mía.

–¡No es necesario, hombre!

–¡Oh, sí, sí! Toma, mírala.

En ese momento, me quita el frac y me pone una enorme chaqueta, que sólo me deja libres los pies y la cabeza.

Comenzamos a comer entre interminables expresiones de cortesía: −¡Sírvase Ud.! −¡Perdone Ud.! −¡Páselo a la señora! −Esta servilleta es mía, ¿verdad? −¡Muchas gracias! −¡De ninguna manera! −¡Exquisito!

Después de la sopa vino un cocido español: pasa por aquí la carne; cruzan por allá las legumbres; acá, el jamón; la gallina por la derecha; por medio, el tocino; por la izquierda, los huevos. Y después, un plato de ternera, pichones, pavo y pescado, todo en medio de exclamaciones y comentarios.

El niño que tenía a mi izquierda tiraba las aceitunas a una ensalada de tomates con tan poca precisión que una de ellas vino volando a uno de mis ojos. El señor gordo de mi derecha había tenido la precaución de dejar en el mantel, cerca de mi pan, los huesos de las aceitunas, y el señor de enfrente hacía la autopsia de un pollo. Como la víctima era de avanzada edad y el señor no tenía conocimientos anatómicos, no podía hallar las articulaciones de la inofensiva ave. −¡Este pollo no tiene articulaciones! −exclamaba, sudando. −¡Qué cosa más extraña! Cuando hacía la disección, colocó mal el tenedor sobre el animal, y el pollo salió volando como en sus tiempos más felices, y cayó sobre el mantel. Otra tentativa y otro desastre: el furioso animal cae en la sopa, inundando mi camisa con el líquido. El buen señor trató de cazar el ave y, al intentarlo, hizo caer al suelo una botella de vino. Viene entonces la criada y retira el pollo, ya completamente arruinado. Al pasar junto a mí, hace una pequeña inclinación y caen unas gotas de grasa en mi pantalón.

–¡Jesús, José y María! –exclama la esposa, poniéndose pálida.

–¡No ha sido nada, señores! –dice Braulio. –¡No ha sido nada!

¿Hay más torturas? ¡Santo cielo! Sí. Doña Juana me da con su tenedor un pastelito que tengo que aceptar; el señor gordo fuma como una chimenea. Por fin, ¡último desastre! Comienzan los versos infantiles y los discursos. Ahora tengo yo que improvisar un discurso. Digo que no. Ellos insisten. –¡No, no! –¡Sí, sí! Hablo y digo estupideces.

Al fin puedo escaparme. Ya estoy en la calle tomando el aire fresco. No puedo pensar. Tengo en la memoria una horrible confusión: el niño con su artillería, el señor gordo que fuma, un pollo furioso, ruidos, aplausos, humo... ¡No más comidas a la española! No, no más.

Mariano José de Larra *El castellano viejo*

El cantar de mío Cid

07

LECCIÓN

A mediados del siglo XI nació en Burgos el célebre caballero Rodrigo Díaz de Vivar, a quien se conoce por el nombre de El Cid Campeador. Es el héroe nacional de España y posee dos personalidades distintas: una de la historia y otra de la leyenda. Según algunos historiadores, era un hombre cruel, avaro y de pocos escrúpulos; pero en la leyenda El Cid representaba todos los ideales de la raza española.

Como todo joven de noble linaje, recibió la instrucción necesaria y aprendió las costumbres de la corte. Desde muy joven vivió en el palacio del rey Sancho II de Castilla, quien lo protegió, favoreció y hasta escogió a sus maestros de armas. Iba por todas partes con el rey y se distinguió como guerrero de gran valor. Figuró por primera vez en la historia durante la guerra entre los reinos de Castilla y Aragón.

El rey Sancho II, que había quitado a sus hermanos la herencia que su padre les había dejado, murió asesinado. Entonces la corona de Castilla correspondió a su hermano Alfonso VI. Pero los nobles castellanos no querían reconocerlo como rey. Doce de los más valientes caballeros escogieron a El Cid como su representante para hacer jurar al rey que no había tenido parte activa en el asesinato de su hermano Sancho II. El monarca nunca perdonó a El Cid esa afrenta, y al cabo de algún tiempo lo expulsó del reino de Castilla. El Cid se vio obligado a dejar a sus dos hijas y a su mujer doña Jimena, quienes luego perdieron todos los bienes que poseían.

Entretanto, en vez de volverse contra su rey, El Cid decidió ofrecer su espada a varios reyes, moros o cristianos. Con un puñado de hombres peleó sin descanso y venció en batallas innumerables, saliendo siempre victorioso. Creció inmensamente desde entonces su poder militar. Entre los episodios de su vida el más notable fue la toma de la ciudad de Valencia a los moros. Después de un sitio de nueve meses entró victorioso y se hizo príncipe independiente. Aunque esta conquista se realizó con sólo el esfuerzo de su brazo, reconoció la soberanía de don Alfonso VI de Castilla, a quien nunca dejó de considerar como su rey. Sus últimos años los empleó defendiendo a Valencia, donde murió en 1099.

Por los actos del héroe se puede comprender que El Cid era la encarnación del espíritu de su tiempo. Reunía todas las virtudes y todos los defectos de los héroes de la época. Su conducta se explica en gran parte si nos damos cuenta de las costumbres de aquellos tiempos.

El Cid de la leyenda es el tipo del caballero; no sólo sin miedo sino sin mancha y con todas las virtudes; no sólo invencible sino magnánimo; no sólo valiente sino patriótico. Sus hazañas fueron la inspiración de muchos poetas. *El Poema de Mío Cid*, el más antiguo monumento de la poesía castellana, ha sido traducido a muchos idiomas y goza de fama universal. La historia poética de El Cid hace olvidar la verdadera, pues parece difícil separar la una de la otra. Esta figura heroica y legendaria pertenece a los héroes universales: generoso unas veces, cruel en otras; fiel a su rey, pero traidor, como también lo fueron otros caudillos de su tiempo. Pero por sus cualidades heroicas merece su popularidad. Para el pueblo español será siempre El Cid el caballero castellano por excelencia.

Memo

Del buen comer y beber

08
LECCIÓN

Tres cosas me tienen preso
de amores el corazón:
la bella Inés, el jamón
y las berenjenas con queso

Así cantaba un poeta sevillano las excelencias de su plato preferido en el siglo XVI.

La cocina española, sin embargo, no se limita a berenjenas con queso. Se dan en España gran variedad de usos y maneras de cocinar que responden a los rasgos peculiares de cada región peninsular. Dos tipos de grasas se utilizan primordialmente para preparar los alimentos: el aceite de oliva y la manteca de cerdo. La mantequilla de vaca, a diferencia de lo que ocurre en otros países, sólo excepcionalmente se emplea en la preparación de la comida española.

En términos generales, la cocina española participa de las características propias de la cocina mediterránea: sus elementos fundamentales son el pescado, las hortalizas y el arroz, en España se conocen 365 fórmulas para cocinarlo. Pero entre todas ellas, sobresale como la más importante y mundialmente conocida la paella. La paella consta de muchos y variados ingredientes y reúne sabores incluso opuestos: carne (pollo o cerdo), pescado (calamares, sepia, rape, mariscos...) y vegetales (judías tiernas, alcachofas, guisantes....).

Si la paella es la especialidad española más conocida, el cocido, aunque de menos fama, también está presente en todas las regiones de la Península e incluso en las islas Baleares y Canarias. En Cataluña adopta la variedad típicamente llamada 'carn d'olla', en Castilla el cocido toma el nombre de puchero, en Galicia se habla de pote gallego y en Andalucía el cocido andaluz es prácticamente igual que el cocido madrileño.

La zona central de España, que comprende las dos Castillas, Extremadura y Aragón, se ha distinguido siempre por el asado, ya sea de cordero, ya sea de cerdo. Esta especialidad está en relación con la riqueza de cereales de esta área peninsular, con la arraigada tradición pastoril de sus habitantes y con la legendaria sobriedad del hombre castellano. Junto con el asado, los productos del cerdo (jamón serrano y chorizos especialmente) han llegado a convertirse en elementos distintivos de la cocina española.

En el norte de España la cocina está ligada a las condiciones del mar. El bacalao es un ingrediente básico, porque a su pesca se dedican los vascos y gallegos desde muy antiguo.

Andalucía es un punto donde confluyen la cocina mediterránea y la castellana y donde se perciben residuos de la cocina morisca. El gazpacho, sopa fría de vegetales, ha alcanzado merecida fama por doquier, junto con las frituras de pescado a base de aceite de oliva.

Mas no se completarían las excelencias de la mesa española sin mencionar los vinos. El español suele acompañar sus comidas con vino. Estos son tan variados y diversos que es imposible enumerarlos todos. Tan esencial es el vino para el español, que el refranero ha recogido sabiamente este sentir en el dicho popular: "Con pan y vino se anda el camino".

Las tapas

Una tapa en España es un aperitivo que se sirve en un bar o restaurante acompañando a la bebida (alcohólica o no), generalmente servida gratis.

Tradicionalmente, la forma habitual de consumirla es tomando una o dos en cada bar junto con la bebida, y luego cambiando de bar, donde se repite el proceso. A este consumo itinerante (local, consumición y nuevo local) se le llama tapeo o ir de tapas, y puede alargarse tanto tiempo como los participantes quieran y queden locales abiertos;

en muchas regiones de España es bastante habitual salir a cenar o a comer los fines de semana a base de tapeo.

La palabra 'tapa' viene de la costumbre antigua de tapar las copas y vasos de vino en las tabernas y mesones con un trozo de pan o con una rebanada de jamón, para impedir que entrasen moscas y mosquitos, o que se depositase polvo en el interior. Respecto a esto, existen diferentes versiones sobre su nacimiento: hay una versión que dice que la tapa nació en la Edad Media, durante el reinado de Alfonso X el Sabio en el siglo XIII: se dice que fue por una enfermedad que el rey padeció, que le obligaba a tomar algunos sorbos de vino por orden del médico; y para evitar los efectos del alcohol, tomaba pequeños bocados entre horas acompañando a la bebida. Cuando el rey se recuperó, ordenó que en los mesones de Castilla no se sirviese el vino sin ir convenientemente acompañado por alguna ración de comida. Con esta medida se lograba que los comensales no fueran tan afectados por el alcohol del vino, pues lo que comían tapaba sus efectos.

Otra leyenda cuenta que, durante el reinado de los Reyes Católicos, debido al aumento de los accidentes causados por los carreteros a la salida de las tabernas a causa de la gran cantidad de alcohol que habían ingerido, se obligó a los taberneros a servir la copa de vino o la jarra de cerveza con una tapa. Esta consistía en un plato con algo de comida fría, ya fuera jamón, queso, o lo que tuviera a mano el tabernero, de modo que los clientes debían primero consumir la comida para poder quitar la tapa y así poder beberse el vino o la cerveza. Con esta medida se pretendía acabar con los incidentes de los carreteros, procurando que éstos salieran de las tabernas lo menos ebrios posibles.

Una versión popular y más simple, del siglo XIX, cuenta que las tapas nacen porque los campesinos necesitaban comer algo ligero que les permitiera aguantar trabajando con fuerzas hasta la hora de comer del mediodía; y que esta necesidad se cubría bien si tomaban un breve alimento acompañado con algo de vino. Por eso, en el siglo XIX en Andalucía se ponían rebanadas de queso, jamón o lomo en las bocas de los vasos de vino, tapando su contenido.

Pero no se sabe con seguridad cuál es la versión verdadera sobre el origen de las tapas.

Memo

El gallo y la gallina de Santo Domingo

09

LECCIÓN

En la catedral de la Calzada, frente al rico sepulcro de alabastro que contiene los restos de Santo Domingo, hay un detalle que llama poderosamente la atención del viajero: un gallo y una gallina vivos están allí continuamente como recuerdo de uno de los milagros más conocidos del santo.

Hace siglos, unos peregrinos germanos recorrían el camino de Santiago. Eran tres los peregrinos: madre, padre e hijo. El muchacho era un joven apuesto y gentil; su extraordinaria gallardía llamaba la atención de cuantos lo veían. Andando, andando, llegaron un buen día a la Calzada. Allí decidieron descansar en una posada.

Tan pronto como entraron, la hija del dueño del hostal, una joven de extraordinaria hermosura, pero de duro corazón, se fijó en el mancebo y quiso enamorarle, pero el muchacho la apartó de sí desdeñosamente. Herida en su amor propio la hija del hostelero, que no estaba acostumbrada a que nadie le hiciera un desplante, sino todo lo contrario, pues no había chico del pueblo que no suspirara por su amor, se sintió tan despechada que, cegada por el odio, concibió la pérfida idea de poner una rica copa de plata dentro del zurrón del peregrino. Decididamente, por la noche, cuando vio que el joven y sus padres dormían, se acercó con sigilo y le puso la copa dentro del zurrón.

Al día siguiente, muy de mañana, los tres peregrinos pagaron su hospedaje y prosiguieron su camino hacia el sepulcro de Santiago.

Mas, aún no habían tenido tiempo de salir del pueblo cuando la hija del hostelero empezó a decir a grandes gritos:

－¡Persigan al ladrón! ¡A ése! ¡A ese chico rubio, deténganle! Se nos ha llevado una copa preciosa. ¡Deténganle!

Todo el pueblo acudió a los gritos de la moza. Muy pronto el muchacho se vio rodeado de caras hoscas que lo miraban furiosamente. Extrañado el joven preguntó:

－¿Qué quieren de mí?

－¡Abre el zurrón, ladrón, y lo sabrás!－ le contestaron.

El muchacho obedeció al momento y, ante su asombro, una preciosa copa de plata adornada con piedras preciosas cayó del zurrón. Intentó el joven hacer valer su inocencia pero como no conocía bien nuestra lengua le costaba gran trabajo, y entre tanto la hija del hostelero no cesaba de instigar diciendo que era un ladrón de los peores y que sólo merecía la horca. Llegó en esto el corregidor a ver lo que sucedía, y al enterarse de lo ocurrido le entró tal indignación al ver que un ladrón se quería hacer pasar por un peregrino que iba al sepulcro del Apóstol que inmediatamente decretó que fuera colgado.

Ni el llanto de su buena madre ni los ruegos del dolorido padre consiguieron ablandar el corazón del corregidor, que allí mismo dictó sentencia.

Con maligno regocijo la hija del hostelero supo horas más tarde que el galán que la había despreciado había sido vilmente ahorcado.

Los padres del muchacho, locos de dolor, decidieron seguir su peregrinaje. ¿Qué cosa mejor podían hacer por su hijo que ir a rezar a la tumba del Apóstol?

Pasó un día, un mes y otro mes. Transcurridos seis meses volvió aquel pobre matrimonio de su peregrinaje. La mujer, cuando estuvieron cerca de la Calzada, le dijo llorando a su marido:

—Desearía pedirte una cosa, sólo una. Y que estamos tan cerca del lugar donde dieron muerte a nuestro hijo inocente quisiera ver su cadáver, tal vez no lo han enterrado siquiera.

El marido asintió de buena gana a lo que le pedía su mujer, y los dos se encaminaron hacia el lugar donde había sido colgado su hijo.

Un agudo grito se escapó de los labios de la mujer cuando, a poco de andar, lo vieron colgado de un árbol; pero en aquel momento oyeron la voz de su hijo que les decía:

—Madre mía, mi buen padre, no lloréis ni os asustéis; Santo Domingo me ha salvado, estoy vivo y completamente sano.

Sólo tenéis que ir a ver al corregidor y pedirle que me saque de aquí en seguida.

Corriendo fueron aquellos infelices padres a ver al corregidor.

Este, cuando supo que dos peregrinos deseaban verle inmediatamente, se puso de muy mal humor; era la hora de la comida y aquel día precisamente tenía un pollo y una gallina asados, puestos ya en la mesa, que parecían decir 'comedme'. Furioso exclamó:

—Que vuelvan más tarde.

Mas ellos siguieron insistiendo. Al final el corregidor se levantó de mala gana y dijo:

—Bien, que pasen y que digan pronto lo que quieren.

—Señor— dijeron los dos a la vez, —mandad descolgar en seguida a nuestro hijo, aquel joven inocente que colgasteis de un árbol hace seis meses, porque está vivo, nos ha hablado y nos ha dicho que gracias a Santo Domingo está sano y salvo.

—Paparruchas— contestó despreciativamente el corregidor.

—¡Señor, es la verdad!— dijo la mujer sollozando.

—Paparruchas— volvió a contestar el corregidor.

—No creo nada de lo que me estáis contando.

—Sí, señor, es verdad— volvieron a decir insistentemente los afligidos padres del muchacho.

—Tan verdad es lo que me estáis diciendo como que este gallo y esta gallina que tengo guisados aquí para comerme están vivos.

En aquel momento se oyó un estridente 'kikiriki' y el gallo y la gallina se levantaron a la vez de la fuente, se cubrieron de plumas y empezaron a revolotear por encima de la mesa causando un gran estrépito. El corregidor, mudo de asombro, se echó de rodillas y pidió perdón a todos por su incredulidad. Luego, rápidamente, fueron a descolgar al muchacho, que vivió aún muchos años.

La hija del hostelero, muda de terror al ver lo sucedido, contó su terrible acción y, a partir de entonces, hizo vida de penitencia y arrepentimiento hasta el fin de sus días.

Leyendas españolas

Memo

Cela, "visión provocadora del ser humano"

10

LECCIÓN

Camilo José Cela, que revolucionó las letras españolas con la publicación de *La familia de Pascual Duarte*(1942), cuando tenía 26 años, recibió la noticia del galardón, "sorprendido, porque no me lo esperaba, aunque el hecho de que no me declararan favorito este año me hacía sospechar algo", y rodeado de incredulidad porque durante los últimos años su nombre había sonado sin éxito entre los mejor colocados. A pesar de que a última hora los rumores le destacaban entre los restantes competidores, Cela hizo su vida normal hasta el mediodía de ayer, acompañado sólo por periodistas de Efe y de Radio Nacional, que recogieron su "emoción controlada, porque estoy muy tranquilo, con una gran paz". Los Reyes le dedicaron un homenaje en un telegrama donde destacan el carácter 'tan merecido' del premio. El presidente Felipe Gonźalez dijo en Washington: "Es un importante reconocimiento a una obra personal y a la literatura española".

El propio Cela señaló que "hay muchos otros españoles y latinoamericanos que merecerían este galardón, y por ello creo que en mí se premia a la literatura española". Con respecto al talante con el que lo ha recibido, el novelista afirmó que cuando tenía 25 años le había comentado a su amigo César González Ruano, cuando estaba a punto de publicar *el Pascual Duarte,* que "yo pagaría el dinero del Nobel por tener el Nobel. Es el destino natural de un escritor. El otro es el de ser traducido al latín, y ya lo he sido".

El país

Brindis por la paz

Majestades, Altezas Reales, señoras y señores:

La Academia Sueca me honra inscribiendo mi nombre al lado del de muy señeras figuras de la literatura mundial contemporánea. Es un honor desproporcionado a mis escasas fuerzas el que recibo y quiero que, tras agradecerlo de todo corazón, se me permita dejar constancia de que, si me he atrevido a venir a donde estoy ahora, es no más porque entiendo que el premio no es sólo para mí, sino también para quienes, conmigo y en mi tiempo, escriben en la gloriosa lengua que a todos nos sirve de herramienta: el español. Y no quisiera extenderme más en esta muy sincera confesión porque, aleccionado por Miguel de Cervantes, sé bien que no hay razonamiento que, aunque sea bueno, siendo largo lo parezca.

Cuando, camino de Estocolmo, me preguntaba por las razones que me traían hasta aquí empujado por vuestra benevolencia, pude entrever que vuestro propósito más era el de premiar un oficio que una persona. Y si esto es así no ibais errados porque, según Cervantes –otra vez y siempre Cervantes– el fin de la literatura es poner en su punto la justicia y dar a cada uno lo que es suyo, y entender y hacer que las buenas leyes se guarden. Y la literatura, aventurada e irreversiblemente, es mi vida y mi muerte y sufrimiento, mi vocación y mi servidumbre, mi ansia mantenida y mi benemérito consuelo. ¡Qué tranquila se queda mi conciencia después de deciros lo que acabo de decir!

En la nómina de la Academia Sueca asimismo figuran honradas con el Premio Nobel muy altas personalidades de la ciencia, también mundial y también de nuestros días, a las que guía el idéntico y enaltecedor propósito que a todos nos distingue y nos denomina: el de la paz en las cabezas y los corazones, y el de la solidaridad entre los hombres y los pueblos. No ignoro que no hemos llegado al fin de nuestro propósito y que todavía nos restan muchos pasos que dar con serenidad y buen sentido, con constancia, sí, pero también con suerte, y preconizo que de ese saludable camino no nos separaremos jamás.

Brindo por los Reyes de Suecia, que reinan en un pueblo en paz; por el pueblo sueco, que ama la paz; por la Academia Sueca que preconiza la paz, y por todos quienes, en el mundo entero, defienden la paz y la proclaman. Brindo por la paz.

Velázquez

11
LECCIÓN

La evolución de la pintura en España, país siempre amante del arte, se manifiesta a través de los siglos en las obras maestras de tales representantes ilustres como El Greco, Velázquez y Murillo en el Siglo de Oro del arte, Goya a principios del siglo XIX, Sorolla y Zuloaga, en la época contemporánea. De todos estos maestros que fuertemente contribuyeron a la pintura universal, la de España fue más adecuadamente representada por las obras de Velázquez. Se le considera como el príncipe de pintores, pues, con él el arte pictórico de España llegó a su apogeo.

Poco o casi nada se sabe de la infancia de Velázquez. Nació en la ciudad de Sevilla en el año 1599. Su padre era un hombre grave de origen portugués que fue respetado de todos los que le conocían, mientras su madre, de una familia noble, fue de carácter genial. Se le dio al joven la educación que le correspondía a un caballero, pero se notó temprano que tenía inclinación decidida a la pintura.

Cuando Velázquez sólo tenía trece años, fue aceptado como alumno por el erudito pintor Francisco Pacheco. Desde el primer momento adivinó éste las raras aptitudes de su discípulo. Y bajo la influencia del bondadoso maestro, de la nobleza, de los literatos y sabios más eminentes de Andalucía, Velázquez se vio en un ambiente muy favorable para desarrollar su talento. Más tarde se casó con la hija de Pacheco. Al subir el rey Felipe IV al trono, se despertó en Velázquez la ambición de ir a Madrid. Se sabía que el nuevo rey deseaba rodearse de gente culta y el joven pintor se dirigió a la corte para conquistarla con su arte. Fue recibido por el rey, pero no consiguiendo su objeto regresó a Sevilla. Pocos años después fue llamado a la corte por el poderoso Conde Duque de Olivares, ministro favorito de Felipe. Pintó el retrato de su protector, y tal fue el entusiasmo que la obra despertó en los cortesanos que Velázquez fue recibido al servicio del monarca como pintor de cámara, es decir, pintor de casa real, puesto que ocupó el resto de su vida.

Tenía entonces Velázquez veinticuatro años. Por espacio de treinta y siete años Felipe le tuvo a su lado como artista favorito. La tarea de toda su vida fue la de pintar retratos de la familia real y de la nobleza. Mientras su contemporáneo Murillo era el pintor favorito de la Iglesia, Velázquez fue preferido por la corte. Le cedió el rey para taller una galería en el palacio real la que comunicaba con las habitaciones particulares del monarca, y se veían los dos casi diariamente. Anunció Felipe que no quería ser retratado por ningún otro artista y cumplió con su palabra. Hay casi cuarenta retratos de Felipe pintados por Velázquez, en los cuales se ve al monarca en posturas y trajes variadísimos. Un día Velázquez, acabando de pintar uno de esos retratos de Felipe, lo firmó: "Diego Velázquez, pintor del Rey". El monarca tomó el pincel y escribió debajo: "Rey de los pintores". Tanto se admiraban rey y artista que sus nombres aparecen inseparables ante la historia. Durante toda su vida fueron buenos amigos.

En 1628 Rubens, el gran pintor flamenco que fue a España como embajador y llegó a ser amigo íntimo del joven Velázquez, le aconsejó viajar por Italia. El rey consintió en ello y le dio fondos para comprar estatuas y cuadros italianos para la corte. Le sirvieron de gran inspiración sus viajes en Italia, donde Velázquez aprovechó la oportunidad para estudiar especialmente a Ticiano en Venecia y a Tintoreto en Roma.

Admirado y amado de todos, murió el gran artista a la edad de 61 años, el día 6 de agosto de 1660. Su mujer, que le quería muchísimo, murió ocho días después.

Los cuadros de Velázquez pueden verse en los principales museos del mundo, pero es en el Museo del Prado, en Madrid, donde se hallan más de sesenta. Entre los mejores deben mencionarse el gran retrato ecuestre del Conde Duque de Olivares, el cuadro de *Las Hilanderas*, que representa el interior de una fábrica de tapices, el de *La Fragua de Vulcano*, gran lienzo pintado en Roma, y los dos grandes cuadros, *Las Meninas* y *La Rendición de Breda*, sus obras maestras por excelencia. En la primera se ve la infanta Margarita rodeada de su corte personal de meninas y enanos, mientras que a la izquierda se halla Velázquez frente a su caballete. La segunda, vulgarmente llamada *Las Lanzas*, que tiene la importancia especial de haber inaugurado la pintura histórica, deja memoria de un triunfo español en los Países Bajos que tuvo gran resonancia en Europa.

Velázquez inició un estilo nuevo en la pintura europea. No sólo fue sobrio en el uso de colores, haciendo admirables combinaciones en que el gris servía de base para expresar la distancia y para dar relieve a sus figuras. De esta manera mostró la hermosura que existe en el espacio. Además, se puede decir que sus retratos son maravillas de verdad y de energía. "Verdad, y no pintura", solía decir él mismo y tan completamente alcanzó su ideal que la expresión de sus personajes da la impresión de encontrarnos ante seres vivos. Realista en su interpretación de la vida, Velázquez desempeña el mismo papel en la pintura que Cervantes en la literatura. Ambos son nacionales en el sentido de que representan, cada uno en su arte propio, mejor que casi nadie, el carácter de su raza. Después de Velázquez no encontramos otro genio tan original en la pintura española, hasta que lleguemos, un siglo más tarde, a la figura dramática y brillante de Francisco de Goya.

El croissant y el donut

LECCIÓN 12

¿Qué sería del desayuno moderno sin los donuts y el croissant? Lo mismo que del chocolate sin los churros: nada. Nos hemos acostumbrado tanto a ellos que han llegado a parecernos cosa de nuestro tiempo. Pero no es así.

El croissant fue inventado en 1683 por un polaco residente en Viena: Kulyezisky. Fue un soldado de fortuna, que socorrió a la capital de Austria mientras era asediada por los turcos. Como premio a su heroico comportamiento le fueron concedidos privilegios especiales, entre ellos una partida de café que el general turco Kara Mustafá había abandonado en su huida, y también licencia para abrir en la ciudad una cafetería. Para acompañar el café el ingenioso polaco ideó unos panecillos dulces en forma de media luna, símbolo que ondeaba en los estandartes del ejército otomano. Era una forma de humillar al eterno enemigo del Imperio austro-húngaro. Su éxito fue fulminante, ya que para los vieneses suponía plasmar su odio en la dulce venganza comestible del croissant.

En cuanto al donut, su historia es todavía anterior. Se inventó en el siglo XVI, en Holanda, donde era conocido como 'bollo de aceite', olykoek. Se elaboraba con una pasta azucarada que luego se freía. A principios del siglo XVII fue llevado a los Estados Unidos, donde los colonos ingleses lo denominaron *dough nut*, o pasta de nueces. Todavía no tenía agujero en el centro, por lo que la masa no se freía bien en aquella zona central del dulce. Era un problema de difícil solución en el que pensaron muchos pasteleros del momento.

Dándole vueltas al asunto, un americano, el marinero Haanson Gregory, hizo un agujero en el centro de algunos donuts que estaba friendo su madre, y el resultado fue extraordinario: el donut estaba tan bien frito que ello mejoraba el sabor. Era el año 1847. Un monumento en la ciudad de Rockport, estado de Maine, recuerda el hecho. No tardó en comentarse, en la prensa local, que en Norteamérica era posible alcanzar la fama por... nada, por inventar un agujero, es decir: por inventar el espacio vacío. Pero el invento estribaba en utilizar la nada para algo tan útil como el perfeccionamiento del donut.

Sin embargo, en la España del siglo XIV ya se conocía el donut. No tenía ese nombre, claro, sino el de buñuelo. Tanto la masa frita, algo dulce, como el agujero en el centro, estaban inventados en Castilla a finales de la Edad Media. Se comía caliente y se embadurnaba en miel. Era comida propia de los meses fríos, y su temporada coincidía con el día de los fieles difuntos, el primero de noviembre, tal vez por casualidad. Y lo mismo podríamos decir del croissant, ya que cierta hechura de pan dulce, elaborada en tiempos de Cervantes, en Castilla, imitaba la media luna, símbolo de los principales enemigos de la España de los Siglos de Oro. Podríamos, pues, afirmar que Cervantes comió croissants y los Reyes Católicos ya degustaban los donuts, aunque bajo los nombres más castizos de buñuelos y bollos de hechura.

Memo

El imperio de los Incas

13

LECCIÓN

Cuando los españoles desembarcaron por vez primera en las costas de América, debieron pensar que desembarcaban en otro planeta: todo era allí diferente de cuanto ellos habían visto. Encontraron nuevas variedades de plantas, especies de animales desconocidas, y hasta el hombre que dominaba en este continente era diferente, tanto por el color de su piel como por el lenguaje, las instituciones y las creencias. Con razón lo llamaron el Nuevo Mundo.

Cuando más tarde Francisco Pizarro, uno de los grandes conquistadores, se enfrentó al Imperio Inca en busca de oro del cual había oído hablar, apenas si podía sospechar que se encontraría con un sistema de instituciones tan extraordinario. Resultaba difícil creer que hubieran estado alguna vez en vigor en un imperio tan extenso y durante tantos años. Los impuestos que los incas debían soportar eran bastante pesados. Las clases populares estaban obligadas a trabajar, no solamente para subsistir, sino también para mantener a las demás clases del estado. Los miembros de la casa real, los grandes señores, e incluso los funcionarios públicos y el cuerpo sacerdotal, que era muy numeroso, estaban exentos de tasas e impuestos. Claro que hay que tener en cuenta que esta situación no era muy diferente de la que existía en otro tiempo en la mayor parte de Europa. Lo peor para un peruano era que no podía aumentar sus posesiones en lo más mínimo ni podía abrigar la esperanza de ascender él o sus hijos en la escala social. El estímulo derivado de la capacidad y trabajo personales, la perspectiva de mejorar la propia suerte no existían para el peruano; como había nacido, así debía morir. Ni siquiera podía considerar como propiedad privada su propio tiempo. Puesto que la moneda no existía, debía pagar sus impuestos en trabajo. No es extraño que el gobierno castigase la pereza como un crimen: era un crimen contra el Estado, y perder el tiempo era, en cierto modo, robar al tesoro público.

Pero éste es el aspecto más sombrío de cuadro social; porque si bien es cierto que nadie en el Imperio de los Incas podía prosperar, también es cierto que nadie podía empobrecerse. Ningún derrochador podía dilapidar su herencia en gastos extravagantes o arruinar a su familia con proyectos temerarios. La ley tendía a favorecer el trabajo y la prudencia en los negocios. No se toleraba la mendicidad y cuando un hombre se veía afectado de pobreza o mala suerte, la ley le socorría; no con el socorro que puede proporcionar la caridad privada, sino con las ayudas generales del Estado que no humillan a quien es objeto de ellas y son suficientes para ponerlo al mismo nivel que sus conciudadanos.

En el Perú no había ni ricos ni pobres, pero todos podían gozar de un bienestar suficiente. La ambición, la avaricia, el deseo de cambios y otras pasiones semejantes no tenían cabida en el corazón del peruano. La misma condición de su existencia parecía opuesta a todo cambio. Los incas se habían propuesto la tarea de conseguir para sus súbditos un espíritu de obediencia y tranquilidad: la conformidad total en el orden de cosas establecido. Y lo lograron. Los primeros españoles que visitaron el país atestiguan que ningún otro gobierno hubiera sido más apropiado al espíritu de sus habitantes, y que ningún otro pueblo hubiera parecido más contento con su suerte ni más fiel a su gobierno que los incas.

Memo

Parados y sin bienestar

14

LECCIÓN

Ya no es cuestión de ciclos. Economistas y políticos de todo el mundo han tenido que reconocer que el paro seguirá siendo el problema número uno en los países desarrollados, aun en los años más esplendorosos de crecimiento económico. Las nuevas tecnologías, la dura competencia de los Estados en vías de desarrollo y los efectos del crecimiento demográfico impiden a las naciones más poderosas crear tantos puestos de trabajo como piden sus ciudadanos. Y, lo que es peor, las nuevas necesidades de competitividad —casi supervivencia— en una economía mundial globalizada y el envejecimiento de la población impiden mantener el Estado de bienestar en los niveles alcanzados desde la posguerra.

Todo empezó en 1973. Los países desarrollados vivían felices en un auténtico paraíso económico, con sus estructuras perfectamente engrasadas para el éxito. Tasas de crecimiento de dos dígitos, inflación controlada en torno al 6%, estabilidad de los mercados financieros, materias primas baratas, cuentas públicas saneadas y un nivel de desempleo casi testimonial. Los ciclos económicos iban y venían formando unos dientes de sierra cuyos picos de riqueza eran cada vez mayores. Fue en esos años cuando se cimentó el llamado Estado de bienestar en Europa.

Pero la felicidad suele ser pasajera. Hasta para los más poderosos. Los países productores de petróleo, asociados en torno a la OPEP, decidieron poner fin a la era del crudo barato e iniciaron una escalada de precios que puso la economía y, sobre todo, las finanzas mundiales patas arriba. Era la rebelión del Tercer Mundo, encabezada por aquellos que poseían una riqueza hasta entonces depreciada.

Las dos crisis del petróleo —1973 y 1975— pusieron fin a la edad de oro de la economía mundial e inauguraron una nueva etapa: la de la estagflación —alta inflación y paro creciente—. Los países productores de petróleo dieron un vuelco a las relaciones internacionales. El dinero empezó a fluir desde las arcas de los Estados más ricos hasta las cuentas de petrodólares abiertas en bancos de todo el mundo. Se dispararon la inflación, el paro y los déficit públicos en todas las naciones de la OCDE, que vieron cómo el crecimiento económico se estancaba y el comercio mundial entraba en una fase de depresión.

No tuvo que pasar mucho tiempo para que los defensores del Estado de bienestar comenzaran a estar en minoría. El Reino Unido, pionero y modelo para muchos otros países europeos, fue el primer país de la CE que empezó a recortar sus gastos sociales el mismo año de la primera crisis del petróleo (1973).

Pero la medicina de recortes presupuestarios y de reestructuración del gasto público no fue, ni mucho menos, una peculiaridad del Reino Unido, sino un rasgo del capitalismo mundial avanzado. En la República Federal de Alemania, la Ley de Presupuestos de 1975 aumentó las contribuciones del seguro de desempleo y recortó el gasto en educación, sanidad y otros servicios. Estados Unidos, Francia, Austria y hasta Suecia, se vieron también forzados a aplicar recortes en sus gastos sociales ante la pérdida de ingresos fiscales y el aumento del paro. Se puede decir que la crisis del petróleo puso fin a la época del pleno empleo e inició la decadencia de la filosofía del Estado de bienestar.

El único consuelo ha sido la mejora de la situación económica y social en varios grupos de países en vías de desarrollo, que han emergido en el panorama internacional con inusitada fuerza. Desde los años ochenta, los llamados tigres del pacífico —Corea del Sur, Taiwan, Hong Kong y Singapur— y sus alumnos aventajados —Malaysia, Tailandia e Indonesia— han mostrado un auténtico milagro económico, con crecimientos de dos dígitos y un vigor empresarial y comercial nunca visto.

Las consecuencias del *boom* de esas economías emergentes, que se hizo más que patente a partir de 1989, han sido esencialmente dos, dentro de un mundo cada vez más libre —

desde el punto de vista económico— y globalizado. En primer lugar, sus empresas han alcanzado unos niveles de productividad inimaginables, que han forzado a los países desarrollados a replantearse sus estructuras para competir y evitar, que no es otra cosa que las grandes multinacionales cierran sus fábricas en los países con mayores costes laborales y las abren en otros en los que apenas pagan impuestos ni seguridad social.

Y, en segundo lugar, su potencia económica ha obligado a los más poderosos a reordenar el comercio mundial y buscar un entendimiento que evite problemas mayores.

Si a todo ello unimos los efectos de la caída del muro de Berlín sobre una Europa en plena fase de convergencia hacia la Unión Económica y Monetaria(EMU), se puede comprender la crisis de identidad sufrida por el Viejo Continente en la década de los noventa. Una nueva riada de problemas, necesidades financieras para reconstruir y reindustrializar los países de la órbita de la antigua Unión Soviética, auténticas avalanchas migratorias en busca de mejores condiciones de vida, desestabilizaciones de los mercados financieros y, planeando sobre todo ello, un fantasma que recorre Europa de norte a sur, de este a oeste: el paro.

Desde principios de los noventa, los principales teóricos de las ciencias políticas y económicas han buscado, sin éxito, fórmulas para afrontar el problema del paro en los países desarrollados sin verse forzados a desmontar el bienestar alcanzado. Las dos corrientes mayoritarias de pensamiento económico —neoliberales y socialdemócratas— han ofrecido soluciones diferentes, sin que ni unos ni otros hayan obtenido resultados óptimos. Mientras se ha creado empleo en Estados Unidos o Japón a costa de reducir al mínimo los gastos sociales y eliminar subsidios para los más desamparados, el mantenimiento del Estado de bienestar en la Unión Europea dificulta la competitividad necesaria para ofrecer nuevos puestos de trabajo a los parados.

Los políticos y economistas neoliberales proponen el desmantelamiento de buena parte del bienestar obtenido, mientras que los socialdemócratas abogan por buscar fórmulas que permitan racionalizar el sistema económico sin cargarse esos logros. El futuro dirá hacia dónde se camina.

Javier Ayuso

Memo

Un carácter

15

LECCIÓN

Esto que hoy relato pasó en la lejana aldea de X, allende el Maule, vecina al pueblo donde yo vivía.

El reo está frente al juez. Es un hombre como de cuarenta y cinco a cincuenta años, de larga y espesa barba negra, nariz aplastada, frente estrecha, carnosa, surcada de arrugas, ojos bizcos y mandíbula inferior saliente y temblorosa. Su cuerpo es fuerte y robusto, aunque deforme; los brazos extremadamente largos, las espaldas anchas y gruesas y las piernas muy cortas, torcidas en forma de arco. Viste un raído y manchado pantalón de mezcla, una camisa de tocuyo y un harapo en forma de manta. Los pies, desnudos. Ha entrado cojeando a causa de los grillos y de su natural deformidad, con la cabeza baja y la frente contraída, como sumergido en una profunda abstracción.

Al llegar al medio de la sala, ha levantado la vista y paseado una larga mirada por toda la habitación.

El juez lo contempla fijamente y le pregunta:

—¿Cómo te llamas?

Tarda un instante en contestar y, al fin, responde con voz ruda y sonora:

—No sé.

—¡Cómo! ¿No sabes?

—En el pueblo me llaman Juan, 'Juanito' —contesta con indiferencia.

—¿Y tu padre?

—No tengo padre.

—¿Y tu madre?

—No tengo madre.

—¿No tienes pariente alguno, entonces?

—Soy solo— dice sencillamente y vuelve a inclinar la cabeza sobre el pecho.

El juez permanece un instante en silencio. En seguida le dice:

—¿Tú mataste al señor Gómez?

—¡Sí, señor, yo lo maté! Yo le deshice la cabeza a garrotazos hasta hacerle saltar los sesos y quebrarle todo el cuerpo, con ese palo que hay sobre la mesa. Mucho tiempo lo esperé para matarlo, detrás de la cerca... Ahí me pasé varios días. Bien sabía que al fin había de verlo solo. Y cuando lo vi que venía para su quinta, me le fui encima con ese palo y le pegué hasta dejarlo convertido en una masa. ¡Así lo hice, señor juez!

Al terminar, la mandíbula inferior del reo tiembla ligeramente.

Un largo silencio sigue a estas palabras.

—¿No sabías, entonces, que te habían de fusilar?

—Sí, lo sabía, señor, pero lo que hice, hecho está y ¡ni el mismo Dios lo podría deshacer! Pero antes que me condenen, quiero decir algo a su señoría... Diré lo que tengo aquí, en el pecho. A nadie importa lo que tengo que decir, pero escúcheme, se lo ruego. Él era un caballero principal, muy rico. Sí, él tenía mucha plata y casas, y padre, madre, mujer, muchos hijos. Todos lo querían a 'él'. Él comía bien, siempre; andaba abrigado. Debía pasarlo muy bien, digo yo. Yo no he dicho antes nada, por esto. Ahora, yo no tenía qué comer, sino lo que daban; he tenido frío y hambre, y nadie, nadie se ha acordado de mí. Yo he padecido todo sin quejarme. ¿Y qué hubiera conseguido? ¡Nada!

Pues ahora quiero que su señoría oiga esto que voy a decir y es que yo, que no tenía a nadie, porque como ya lo dije soy solo, había recogido del agua a un perro que se estaba ahogando y le di de comer y lo crié. Diez años vivimos juntos... y me acompañaba por los caminos a pedir limosna, y cuando no había qué comer, él no se separaba de mí hasta que venían los días buenos. Y ahora pregunto yo: ¿Los hombres hacen esto? No. Cuando falta la comida, ellos se separan. Mil veces le pegaron a él por defenderme a mí. Me cuidaba y yo lo quería más que a todo en el mundo. Sabía que una vez muerto él, nadie se acordaría ya más de mí, nadie jugaría conmigo, porque todos me odian y me desprecian. Y ahora, dígame su señoría: ¿Por qué él, que era un caballero a quien nada le faltaba, y yo un miserable infeliz, que no le había hecho ningún mal, por qué vino y me buscó para matar al animal?... ¿Por qué él, que era tan rico, vino a quitarme mi única riqueza?

El animal era juguetón y un día que el caballero pasaba frente al camino le salió a ladrar. Entonces él sacó un trabuco y lo hirió, y lo mató. Murió, pues, y ¡quién lo creyera!, al morir me conoció y meneaba la cola como haciéndome cariño.

Se detiene un instante para tomar aliento; en seguida se inclina hacia adelante, como avergonzado, y toma entre sus manos una de las hilachas de la manta y principia a retorcerla con fuerza entre sus dedos. Después continúa, con voz sorda;

—Ahora yo quedé solo y todo por culpa de ese hombre a quien jamás había hecho daño. ¿Para qué me servía la vida sin mi perro? Para nada. Y entonces creí que lo debía matar como él mató al animal: sin compasión, sin compasión. Y así fue, señor juez, como lo esperé y lo maté a palos.

Hice mal, lo sé; pero ésa ha sido mi suerte; él mató al animal, yo debía matarlo a él. Porque yo siento aquí—continuó, golpeándose con fuerza el pecho— algo que nadie puede comprender. Yo solo lo sé, y me lo guardo, y me callo. Y no diré más.

Pronuncia esta especie de discurso, alzando grotescamente sus largos brazos, con voz grave y profunda e iluminado su horrible semblante por una sonrisa forzada.

El juez, entretanto, se cubre la frente con las manos y parece reflexionar profundamente.

Federico Gana

Memo

México: una mezcla de historia y color

16

LECCIÓN

Hablar de México es hablar de diversidad. Con sus más de 100 millones de habitantes, se ubica en el 11° lugar de los países más poblados del globo mientras que por su territorio, es considerado el 15° más grande del mundo. Por lo anterior, el país cuenta con regiones que difieren en geografía, comida, música y otras manifestaciones culturales. Aunque el idioma más hablado es el español, en México se reconocen además 66 lenguas de origen amerindio, entre las que destacan el náhuatl y otras de origen maya.

La civilización maya es una de las más importantes en el continente americano. Su localización comprende no sólo México, sino también otros países centroamericanos. En la actualidad, el ícono maya más conocido es la zona arqueológica de Chichen Itzá, en la península de Yucatán. Ahí, se ubica la famosa pirámide de El Castillo, o pirámide de Kukulcán (la serpiente emplumada), que está enlistada como patrimonio cultural de la UNESCO.

Dentro de la cultura maya, las pirámides tuvieron un propósito ritual para venerar a los dioses y mantenerlos en calma; en el caso de la pirámide de Kukulcán, los sacrificios humanos se llevaron a cabo ahí para ofrecer la sangre de los guerreros a los dioses de la lluvia y el maíz cuando las sequías o las plagas acababan con las cosechas. Otra característica relevante de las grandes pirámides es su uso astronómico y su relación al ciclo agrícola: dos veces al año, durante los equinoccios de primavera y otoño, las escalinatas de la pirámide de Kukulcán muestran un espectáculo de luz y sombra que de acuerdo a los arqueólogos, representa la bajada de Kukulcán -o serpiente emplumada-, lo que indica el inicio de la temporada de siembra.

En su época de apogeo, la pirámide de Kukulcán estuvo pintada de rojo y azul, con grandes murales donde se registró el origen y la historia de la civilización.

La civilización mexica −de la que proviene el náhuatl— estuvo localizada en el centro del país, en el llamado Valle de México. Su característica más representativa es, sin duda, su arquitectura: en la zona arqueológica de Teotihuacán (que significa "lugar donde los hombres se convierten en dioses"), se encuentran las pirámides del sol y de la luna. Teotihuacán fue un importante centro político, comercial y religioso para los más de 100.000 habitantes que vivieron en el valle; según la leyenda, donde los dioses se reunieron para decidir quién daría la luz al mundo: Nanahuatzin ofreció primero su vida al arrojarse al fuego y por su valor, se convirtió en sol; posteriormente, Tecuzitecatl hizo lo mismo para convertirse en la luna. Por su importancia como centro ceremonial para los mexicas, fue en Teotihuacán donde, la danza, la música y la pintura prehispánicas llegaron a su apogeo. Los edificios más importantes estaban cubiertos de estuco y decorados con escenas de la vida diaria, las creencias y los eventos más importantes para sus pobladores.

Las excavaciones hechas en Teotihuacán muestran que la ciudad no era habitada en forma permanente, sino que todos los días, las personas acudían ahí para llevar a cabo actividades comerciales, religiosas y administrativas. En realidad, poco se sabe de lo que sucedió ahí antes de la llegada de los españoles, pero la mayor parte del conocimiento, que se tiene hoy en día, se debe a sus pinturas murales.

En la actualidad, los vestigios murales de los mayas y los mexicas se consideran el antecedente de una de las manifestaciones contemporáneas más importantes de México: el muralismo.

Durante el siglo XX, muchos edificios públicos del país cubrieron sus exteriores con las obras de artistas como Diego Rivera, David Alfaro Siqueiros, Juan O'Gorman y José Clemente Orozco, entre otros. El uso del color y la forma en los grandes espacios estuvo influenciado por el marxismo, por eso las escenas que hacen referencia al trabajo, las clases sociales y el progreso son muy comunes en las obras que perduran hasta nuestros días.

Para dar un ejemplo de la finalidad de los murales, en el Distrito Federal se pueden visitar los Murales de la Escuela Nacional Preparatoria en la calle San Ildefonso No. 33. Todos ellos fueron pintados entre 1923 y 1924 por David Alfaro Siqueiros en las paredes de la escalera del Patio del Colegio Chico obedeciendo órdenes del ministro José Vasconcelos; uno de ellos fue *El espíritu de occidente*, también conocido como *Los elementos*; dicho mural muestra a un ángel —una mujer— de clase obrera, musculoso y de piel morena rodeado de imágenes que representan el viento, el agua, el fuego y la tierra, lo que nos deja ver la relevancia de la clase trabajadora en la ideología de la época. Ahí mismo, Siqueiros concluyó después *El entierro del obrero sacrificado* y quedó allí sin terminar otro fresco conocido como *El llamado de la Libertad*. Las citadas fueron las primeras obras murales del artista.

La Escuela Nacional Preparatoria, el Palacio Nacional, el Museo Nacional de Historia, La Biblioteca Central de la Universidad Nacional Autónoma de México (UNAM) y el Palacio de Bellas Artes, en la ciudad de México, son todos íconos del movimiento muralista; hoy en día podemos deducir que los espacios donde las generaciones jóvenes recibían formación fueron los blancos principales donde los artistas plasmaron sus obras a fin de influenciarlas y que sin duda, continúan recordándonos el pasado heroico de los pobladores de México, su lucha y su esfuerzo de la misma manera en que los muralistas mayas y mexicas lo hicieron en el pasado.

Luz María

Memo

La difusión del Hallyu en Chile y Argentina

17

LECCIÓN

El ciudadano chileno y argentino de cultura media de hoy sabe que China es un país con una relevancia histórica y cultural milenaria y que actualmente está emergiendo como una potencia económica y política, que Japón es un país rico y con un alto nivel de desarrollo industrial y tecnológico, que Corea sufrió la guerra, está dividida en dos mitades y que es un país que se destaca en el campo de las tecnologías de la información. Sin embargo, todavía sigue llamando 'chinos' a todos los orientales por igual, confunde la procedencia de las marcas asiáticas, no distingue los idiomas chino, japonés y coreano, y todavía considera a los conciudadanos provenientes de estos países como el extremo de lo desconocido y exótico dentro de su propia sociedad.

En este contexto general, resulta sorprendente que un sector mínimo, ya no sólo dentro de la población total sino incluso dentro de la capa de población joven, se declare seguidor de la cultura pop asiática con un grado de afición rayano al fanatismo. Aunque apenas llegan a ser unos cuantos miles en total, poseen un grado de conocimiento de lo que ocurre y está vigente en el ámbito de la cultura popular y masiva de Corea, Japón y Taiwán que no se queda en absoluto a la zaga de los propios habitantes de estos países. Y la sorpresa es todavía mayor cuando se descubre que Corea y el Hallyu ocupan un lugar indiscutiblemente central en este fenómeno de atracción por la cultura asiática.

Internet es el único medio por el que llega la cultura popular coreana a Chile y Argentina en estos momentos. Estos países presentan los porcentajes más altos de penetración de Internet de toda América Latina, con índices de alrededor del 50% del total de la población, lo cual explica por qué el Hallyu se está difundiendo de manera rápida en estos países.

La animación japonesa de los años 90 fue la principal vía que acercó a la juventud a la cultura asiática. Los niños que comenzaron viendo en la televisión *Sailor Moon, Dragon Ball, Pokemón* y otros, al hacerse mayores fueron expandiendo su interés hacia la música pop, el idioma y las telenovelas japonesas (*doramas*), a los que accedieron a través de Internet. Para la época en que estos jóvenes se adentraron en la cultura popular japonesa, el Hallyu estaba en plena efervescencia en el país nipón, por lo que pudieron aficionarse a la cultura popular coreana de manera fácil y natural.

Otra vía importante que permitió el contacto de los jóvenes latinoamericanos con la música pop coreana o K-pop fueron las máquinas coreanas de baile 'Pump it up', que gozaron de gran popularidad en los primeros años del siglo XXI entre los adolescentes. La importancia del 'Pump it up' radica en que ayudó a que los oídos de los adolescentes se familiarizaran con la música pop coreana.

Como ocurre en el resto de los países latinoamericanos, las mujeres constituyen la mayoría casi absoluta de los aficionados al Hallyu en Chile y Argentina. Son básicamente adolescentes y mujeres jóvenes, se agrupan en foros y clubes de fans y realizan una actividad muy intensa y variada en torno a su afición, como organizar y participar en eventos de Hallyu, y formar parte de grupos de baile que imitan las coreografías de sus grupos favoritos.

La música pop coreana o K-pop es el género del Hallyu que goza de mayor predilección. Esto se aprecia a primera vista en las encuestas, en donde el 99% de los sondeados marcó la música como primer objeto de su interés. Los aficionados no sólo conocen a los cantantes y grupos que lideran el Hallyu sino también a los más recientes y a los menos difundidos, como *Big Bang, Super Junior, Bi Rain, BoA, 4Minute, FT Island, Lee Seung Gi, G-Dragon, SS501, SHinee, Epik High, Wonder Girls, 2NE1, f(x), 2PM, 2AM, Son Dam Bi*….

Las telenovelas constituyen la segunda materia de predilección de los aficionados. En muchos casos, lo que los ha impulsado a ver la primera telenovela coreana es que el protagonista o uno de los personajes es uno de sus cantantes favoritos. Los aficionados pueden ver las telenovelas subtituladas en español bajándolas de Internet con sólo unos días de diferencia de haber sido emitidas en Corea, gracias a las subtitulaciones anónimas y gratuitas que realizan los fans (en general, coreanos de segunda generación). Algunas de las telenovelas más nombradas por los encuestados fueron: *Full House, My Name is Kim Sam Soon, Goong, My Girl, Boys Before Flowers, Iljimae*, entre otras muchas, y en general todas las que se están emitiendo actualmente.

Aunque el idioma coreano no es un género propiamente dicho del Hallyu, merece una mención especial, pues un gran número de aficionados antepone el interés por este idioma al interés por las telenovelas. Sin embargo, lamentablemente hay muy pocos sitios donde se puede aprender el coreano en Chile y Argentina.

La característica más notable del Hallyu de estos países es que se trata de un fenómeno espontáneo que se manifiesta sin contar los planes ni las estrategias de difusión de la cultura coreana que realiza el gobierno. Quizás las cifras actuales de seguidores de la cultura coreana en estos países no sean todavía notables ni atractivas, pero si se considera la fuerza y la velocidad con que se está expandiendo esta tendencia, esta región merece una mayor atención por parte del gobierno y las empresas coreanas.

No se debe menospreciar el hecho de que sean adolescentes y veinteañeros los protagonistas del Hallyu en estos países, pues es precisamente gracias a este rasgo juvenil que el fenómeno crece cada vez con mayor fuerza. Si consideramos que la personalidad, los gustos y los deseos de una persona se forman precisamente en esta edad, es muy probable que la afición por Asia, y por Corea en particular, se prolonguen de diversas maneras a lo largo de toda la vida.

Es importante también no perder en vista que estos jóvenes amantes del Hallyu pertenecen a la clase media y hacen una carrera terciaria. Esto significa que en un futuro cercano, cuando lleguen a la edad adulta y tengan una profesión o trabajo estable, tendrán el poder adquisitivo suficiente para optar no sólo por los productos culturales sino también por los productos turísticos, comerciales y tecnológicos de Corea que encuentren en el mercado.

Los efectos sociales del Hallyu son tan importantes como los económicos. La expansión de este fenómeno no sólo contribuye a mejorar la imagen de Corea sino que ayuda a que las comunidades coreanas se integren mejor y más rápidamente a la sociedad de estos países. Está de más decir que cuanto mayor sea esta integración, mayor será la influencia que la colectividad coreana ejerza en el resto de la sociedad, lo cual a la larga repercutirá positivamente en el estrechamiento de las relaciones entre Corea y estos países.

Sunmi Yun

Memo

La fuente de los Álamos

18

LECCIÓN

- No hay duda, el ciervo va herido. Se ve el rastro de sangre que deja, y al saltar le han temblado las piernas. Hay que cortarle el paso, gritar a los perros y animar a los caballos. Si el ciervo llega a la fuente de los Álamos, podemos darle por perdido.

Todo fue inútil. Cuando el más ágil de los perros llegó al bosque, el ciervo ya había entrado en él.

– ¡Alto! ¡Alto todo el mundo! - gritó Iñigo. - Dios quiere que escape.

La cabalgata se detuvo.

– ¿Qué haces, idiota? - rugió don Fernando de Almenar. - Ves que el ciervo está herido, ¿y abandonas el rastro para dejar que se lo coman los lobos del bosque?

– Señor - replicó Iñigo, - es imposible pasar de este punto.

– ¡Imposible! ¿Y por qué?

– Porque el rastro conduce a la fuente de los Álamos, donde habita un espíritu malo. El que avanza hasta sus aguas paga caro su atrevimiento. El ciervo ya estará perdido allá.

– ¡Perdido! Primero perderé yo el alma, que permitir que se me escape ese ciervo, el único que yo he herido en mi vida.

¿Lo ves? Déjame seguirlo. Suéltale la brida a mi Relámpago, o te lo echo encima. ¡Adelante, Relámpago, adelante, caballo mío!

Y caballo y jinete partieron como un huracán. Iñigo los siguió con los ojos hasta que desaparecieron. Después los volvió a sus compañeros.

– Usted está pálido, melancólico y sombrío. ¿Qué le sucede? Desde el día en que usted entró en el bosque tras el ciervo herido, se podría decir que una mala bruja lo ha hechizado. Todas las mañanas va usted al bosque, y cuando vuelve al castillo, al caer la noche, en vano busco yo los trofeos de la caza. ¿Qué lo retiene a usted allá, lejos de quienes más lo quieren?

Mientras Iñigo hablaba, don Fernando, sin oírle, permanecía absorto en sus ideas. De repente exclamó:

– Iñigo, tú que eres viejo y conoces estas montañas, dime: ¿has encontrado acaso una mujer que vive entre sus rocas?

– ¡Una mujer! - exclamó el viejo servidor, mirándole fijamente.

– Sí - dijo el joven. - Lo que me sucede es inexplicable. Creí que podría guardar mi secreto eternamente, pero no es ya posible: me llena la mente y me quema el corazón, y debo revelarlo. Tú me ayudarás a descubrir el misterio que envuelve a esa criatura que, al parecer, sólo existe para mí.

El viejo volvió a fijar los ojos en su señor, y éste continuó:

– Desde el día en que llegué a la fuente de los Álamos, se llenó mi alma del deseo de la soledad. Tú no conoces aquel sitio. Mira, la fuente brota de una roca, y cae gota a gota por entre las plantas. Aquellas gotas, que parecen de oro, se reúnen en la arena, y luego se alejan, ora riendo, ora suspirando, hasta que caen en un lago profundo. Todo allí es grande y hermoso. La soledad vive en esos lugares, y hechiza el espíritu con su inefable melancolía. Si tú me has visto dirigirme al bosque, no creas que he ido a cazar, no; ¡he ido sentarme junto a la fuente, a buscar en sus aguas no sé qué, un sueño, una locura! El día en que saltó sobre ellas mi Relámpago, creí ver en su fondo algo extraño, muy extraño: ¡los ojos de una mujer! Su mirada encendió en mi pecho el absurdo deseo de encontrar una mujer con unos ojos como aquéllos. Por eso he ido a la fuente todos los días. Un día la vi sentada en una roca. Era hermosísma. Tenía los cabellos de oro, y los ojos...

– ¡Verdes! - interrumpió Iñigo, con un acento de profundo terror.

Fernando lo miró, asombrado de que el criado dijese lo que él iba a decir, y le preguntó con una mezcla de ansiedad y de alegría:

– ¿Tú la conoces Iñigo?

– ¡Oh, no! ¡Que Dios me libre de conocerla! Pero mis padres, al prohibirme ir hasta la fuente de los Álamos, me dijeron que el espíritu o mujer que habita sus aguas tiene los ojos verdes. Por eso le ruego, por lo que más ama, don Fernando, que no vuelva a esa fuente encantada. Tarde o temprano usted pagará el delito de haber turbado sus aguas.

– ¿Por lo que más amo?-preguntó don Fernando.

– ¿Sabes tú qué amo más en el mundo? ¿Sabes tú por qué daría mis riquezas, el amor de mis padres, el poder y la gloria? Por una mirada, por una sola mirada de esos ojos.

Don Fernando dijo estas palabras con tal acento que Iñigo exclamó llorando:

– ¡Que se cumpla la voluntad de Dios!

– ¿Quién eres tú? ¿En dónde vives? Aquí vengo yo todos los días, a buscarte, y a pedirte que rompas el misterioso velo en que te envuelves. Yo te amo, y seré tuyo, ¡tuyo para siempre!

El sol se ocultaba, las brisas gemían, la sombra y la niebla comenzaban a caer sobre la fuente de los Álamos. De rodillas a los pies de su amante, don Fernando de Almenar trataba en vano de arrancarle el secreto de su existencia. Estaban en una roca. Ella era hermosa y pálida como una estatua de alabastro. Sus cabellos brillaban con extraña fosforescencia, y sus ojos parecían dos esmeraldas, en una joya de oro.

– ¡No me respondes! - continuó el joven. -¿Podría yo decir lo que de ti dicen los demás? Yo quiero saber si me amas, si eres una mujer.

– ¿O un demonio? ¿Y si lo fuese?

Don Fernando vaciló un momento, y un sudor frío corrió por sus miembros.

– Si fueses un demonio, ¡te amaría como te amo ahora, más que la vida misma!

– Fernando – dijo ella entonces, con su voz suave y dulce, – yo te amo aun más que tú me amas. Pero yo no soy una mujer, sino un espíritu puro. Yo vivo en el fondo de estas aguas, y hablo con sus rumores y me muevo con sus ondas. Yo no castigo al hombre que se atreve a turbar la fuente donde vivo: al contrario, yo lo premio con mi amor.

Mientras ella hablaba, el joven, absorto en la contemplación de su hermosura, se acercaba más y más al borde de la roca.

– ¿Ves el fondo dorado de este lago? ¿Ves esas plantas que crecen en sus arenas? Ellas nos darán su lecho de esmeraldas y corales, y yo, yo te daré una felicidad sin nombre. ¡Ven conmigo! La niebla nos ofrece su manto de plata; las ondas nos llaman con sus voces inefables, y el viento empieza a cantar entre los álamos sus himnos de amor. ¡Ven, ven!

La misteriosa mujer parecía ofrecerle un beso. Fernando dió un paso hacia ella... y otro... y otro... Sintió en el cuello unos brazos delicados y flexibles, y una sensación de frío en los labios. Después vacils, perdió el equilibrio, y cayó al agua con un rumor sordo y lúgubre. Las aguas saltaron en chispas verdes de luz, se cerraron sobre su cuerpo, y sus círculos de hielo fueron extendiéndose, hasta expirar en las orillas.

Gustavo Adolfo Bécquer

Tiempo de exámenes: preparación y autocontrol

19

LECCIÓN

El final de curso, y en ocasiones también el inicio, viene especialmente marcado por los exámenes. El verano es un paréntesis que debe permitir recargar las baterías de cara al curso siguiente y preparar en su caso las asignaturas pendientes.

Tres elementos afectan directamente al resultado de los exámenes: la preparación, el autocontrol y el desempeño eficaz al realizar la prueba. Lo lógico es experimentar cierta tensión y nerviosismo ante una situación en la que se está siendo evaluado. La elevación del nivel de activación del organismo es una respuesta natural de éste que le predispone a la acción. Un estudiante excesivamente tranquilo puede fallar por exceso de confianza. Aunque lo más frecuente es encontrarse con el caso contrario: demasiados nervios. El elevado nivel de tensión afecta tanto al rendimiento en la preparación como a la realización de la prueba.

Manejar los nervios

El secreto no está tanto en evitar los nervios como en saber controlarlos y canalizarlos adecuadamente. La tranquilidad y la serenidad, normalmente resultado de una adecuada preparación, son un arma poderosa a la hora de afrontar los exámenes.

Está en nuestra mano controlar los principales factores que pueden incrementar la ansiedad. Debemos empezar por eliminar el miedo irracional y mentalizarnos en positivo sobre nuestra propia capacidad y preparación. Se trata de una condición esencial. El estudiante que insiste en repetirse frases del tipo: "qué mal lo llevo", "me va a caer lo que no he estudiado", "me voy a quedar en blanco", "voy a suspender"... acaba saboteando finalmente sus propios recursos para realizar correctamente la prueba.

Estudiar desde el primer día, a partir de una adecuada programación del estudio, permite evitar llegar apurados de tiempo a la fecha del examen, teniendo que pegarse el atracón de última hora. La víspera se puede aprovechar para repasar, atar algún cabo suelto, clarificar alguna idea, o realizar algún esquema de última hora.

Hay que descansar lo suficiente para llegar al examen en buenas condiciones físicas y mentales. Podemos elaborar una lista de comprobación de todo aquello que tenemos que llevar, evitando así olvidar bolígrafos, calculadora, pilas de repuesto, diccionario o material de consulta, papeletas o documentos de identidad.

Antes del examen

Al preparar las pruebas es necesario tener en cuenta cómo se va a evaluar; si se va a realizar una prueba objetiva, de desarrollo, un examen oral, prácticas, trabajos. Y conocer igualmente cuál es el sistema de puntuación: cómo se va a valorar cada parte o pregunta, si descuentan los errores, si hay partes opcionales o voluntarias.

Hay que profundizar en el conocimiento de la materia, buscando obtener buena nota. Estudiar lo justo para aprobar es asumir un riesgo importante. Según se avanza en el estudio de la materia, podemos ir entresacando posibles preguntas de examen con objeto de autoevaluarnos. Estas pruebas diseñadas por nosotros mismos, junto a la realización de las utilizadas en años anteriores, son en general una buena garantía de dominio de la materia y del propio examen.

Es necesario confirmar previamente el lugar, día y hora, para llegar con precisión y antelación suficiente al lugar del examen. En esos momentos no es muy adecuado hablar del examen con los compañeros o ponerse a repasar. Hay que serenarse y evitar el 'histerismo' propio. Y es aconsejable tranquilizar, o incluso evitar, a aquellos compañeros 'nerviosos' que, incapaces de controlar su ansiedad, la transmiten a los demás con sorprendente facilidad y rapidez.

En el examen

Con frecuencia los nervios y la precipitación impiden leer despacio y detenidamente los enunciados de las preguntas. Desafortunadamente, éste es el origen de muchos suspensos en estudiantes que, sin embargo, iban bien preparados.

También es fundamental entender y responder a lo que realmente se nos solicita: "resume, justifica, desarrolla, compara...". Si se tienen dudas sobre el enunciado podemos pedir una aclaración.

Por otra parte, hay que tener muy claro de qué tiempo disponemos para realizar la prueba. Debemos repartirlo y controlarlo adecuadamente: un breve tiempo inicial para planificar la respuesta y hacer un bosquejo mental, un tiempo para desarrollar el contenido y responder, y un tiempo final de revisión. Está claro que no tiene sentido 'enrollarse' con una sola pregunta para acabar dejando otras sin contestar.

La persona que corrige nuestro examen obtiene información sobre nuestra forma de expresar las ideas. Hay que mostrar claridad, precisión y rigor, cuidar la gramática y la ortografía, estructurar las ideas adecuadamente, utilizar una escritura legible. Podemos incluso destacar algunas palabras clave para facilitar la corrección.

La limpieza en la presentación también es importante. En caso de error, antes que emborronar o utilizar paréntesis que pueden dar lugar a confusión, es aconsejable aplicar líquido corrector o tachar las palabras por encima con una sola raya horizontal.

Conviene responder, si es posible, a todas las preguntas, aunque sólo podamos poner un breve esquema. Una pregunta sin nada escrito equivale ya de entrada a cero puntos.

En ocasiones puede ocurrir que nos quedemos 'en blanco' ante alguna de las preguntas; en ese momento es especialmente necesaria la serenidad. La información está en nuestro cerebro. No hay que precipitarse. Tan solo es cuestión de esperar con tranquilidad a que el recuerdo aflore, y en pocos segundos muy probablemente podremos recuperar la información.

Aunque hayamos terminado el examen, podemos aprovechar todo el tiempo disponible para su realización, revisando detenidamente el contenido. Aún estamos a tiempo de rectificar cualquier error que se nos haya podido pasar.

Un consejo para concluir

Una vez que se conoce el resultado del examen, si no se está conforme con la nota, no hay que dudar en acudir a la revisión; es además una oportunidad de aprender y mejorar para la siguiente prueba. ¡Ánimo y mucha suerte!

Guillermo Ballenato Prieto

Memo

Discurso del presidente español en la Cumbre del G-20

20

LECCIÓN

Seúl, jueves, 11 de noviembre de 2010

Quería empezar felicitando a la Presidencia coreana, dar mi más sincera felicitación al Presidente Lee por organizar esta Mesa Redonda sobre los llamados 'empleos verdes', que considero de máximo interés, y, al mismo tiempo, agradecer la invitación para presidirla.

El G-20 es el principal foro económico de cooperación que existe, el G-20 se ha convertido en el principal foro de cooperación económica de la historia y el G-20 tiene hoy en su mano la respuesta a los grandes problemas para la economía internacional. El G-20 ha de contar con la sociedad civil y con las empresas, y de ahí que considere esta discusión un buen modelo, un modelo enriquecedor, para fortalecer todo el potencial de cooperación económica del G-20.

Además, contamos con un gran moderador cuyo trabajo en materia de cambio climático, tema central de esta mesa, es de sobra conocido. Gracias, por tanto, al moderador, a

Lord Stern, por su aportación.

¿Cuáles son, en mi opinión, los retos fundamentales del panorama energético global? En primer lugar, debemos hacer frente a un incremento muy significativo de la demanda energética global, principalmente por parte de las economías emergentes. La Agencia Internacional de la Energía estima que en 2050 la demanda casi llegará a multiplicarse por dos, si continuamos con la tendencia actual.

En segundo lugar, y ligado a lo anterior, debemos garantizar el acceso universal a la energía. La electricidad sigue siendo clave para el desarrollo, y, sin embargo, aún en el siglo XXI 1.400 millones de personas se encuentran todavía sin acceso a esta fuente de energía.

Y, en tercer lugar, el reto del cambio climático. El mundo tiene la necesidad urgente de reducir sus emisiones globales de CO2 para evitar los devastadores efectos del cambio climático que ya observamos.

Luchar contra el cambio climático requiere determinación, perseverancia, concienciación y recursos; pero no hacerlo comporta enormes costes y sabemos, gracias a trabajos como los de Lord Stern, que los costes de la inacción son muy superiores a los de la acción. Además, sabemos que, cuanto más tarde abordemos el problema, mayores serán estos costes.

¿Cuáles son las claves y las respuestas a estos retos? A mi juicio, en primer lugar, necesitamos poner la eficiencia energética como la principal palanca para la reducción de las emisiones; necesitamos, además, un sector eléctrico de bajas emisiones con las tecnologías renovables, la captura y el almacenamiento de carbono y el desarrollo de redes inteligentes; y también un sector de transportes de bajas emisiones con el despliegue del coche eléctrico y un mayor uso del ferrocarril, tanto de pasajeros, como de mercancías.

Para que este cambio sea posible en el menor tiempo posible, necesitamos una profunda transformación tecnológica. Sólo mediante un gran salto tecnológico en el sector energético será posible conjugar la necesidad de reducción de emisiones con la lucha contra la pobreza energética.

La apuesta medioambiental es una apuesta económica que ofrece grandes oportunidades de negocio. Los sectores de la economía sostenible, en general, ofrecen la posibilidad de crear millones de puestos de trabajo en los próximos años y empleos con un nivel elevado de cualificación. En muchos casos esto empieza a ser una realidad: sólo las renovables representan en la Unión Europea cerca de un millón y medio de empleos; en Alemania suponen 340.000 y en España, 200.000, y se estima que este empleo podría doblarse para el año 2020. Y no sólo en los países desarrollados, también en las economías emergentes: actualmente, China emplea a más de un millón y medio de personas en este sector.

Esta actividad va a ser creciente. La Agencia Internacional de la Energía estima que son necesarios 46 billones de dólares de inversión adicional en estas tecnologías hasta 2050 para poder mantener el calentamiento global en el rango de más de dos grados por encima de los niveles preindustriales. Y para garantizar el acceso universal a la energía los expertos estiman una inversión anual necesaria de 36.000 millones de dólares entre 2010 y 2030.

¿Cuáles son las condiciones para que esta ingente cantidad de recursos, de movilización de capital, se materialice y genere los empleos necesarios? En primer lugar, una mayor concienciación de nuestros ciudadanos. En la Unión Europea nueve de cada diez ciudadanos se declaran preocupados por el calentamiento global, una preocupación que viene aumentando año tras año.

En segundo lugar, la actuación cada vez más determinada de los poderes públicos. Así, la Unión Europea ha establecido un marco normativo con objetivos vinculantes para todos los Estados miembros para 2020 en términos de reducción de emisiones y despliegue de renovables, y cerca de 140 países, representando casi la totalidad de las emisiones mundiales, han suscrito el acuerdo de Copenhague, que sienta las bases de un marco global en materia de lucha contra el cambio climático.

En tercer lugar, la apuesta tecnológica y empresarial de la iniciativa privada; una apuesta que es visible, tanto en las cotizaciones y resultados en las principales empresas con actividades medioambientales, que crecen muy por encima de la media del mercado, como las inversiones de capital-riesgo, donde las tecnologías energéticas y medioambientales se han situado como un segmento prioritario de interés.

Se trata, pues, de tres factores relacionados entre sí:

Gobiernos que responden a la mayor concienciación de sus ciudadanos ayudan a desarrollar esta concienciación y empresas que responden a la mayor conciencia de los consumidores y a los nuevos marcos normativos e incentivos de los Gobiernos. Se trata de hacer un círculo virtuoso donde exista una acción coordinada entre empresas y Gobiernos. De ahí la importancia que tiene que en el ámbito del G-20, donde están presentes las principales economías del mundo, se escuche la voz del sector de la energía en este Foro Empresarial para que los Gobiernos mejoren y determinen los marcos adecuados para el desarrollo de la lucha contra el cambio climático.

Muy brevemente, antes de que ustedes tomen la palabra, quiero decirles qué estamos haciendo en nuestro país, cómo España está apostando por un modelo energético sostenible.

Nuestra política energética se ha tenido que enfrentar a tres importantes retos: reducir nuestra intensidad energética, rebajar nuestro grado de dependencia y reducir nuestro nivel de emisiones. Para afrontar estos retos hemos impulsado la liberalización de mercados de gas y electricidad, el desarrollo de infraestructuras energéticas, las energías renovables y fomentar el ahorro y la eficiencia energética.

¿Resultados? Desde el año 2004 el peso de las renovables en el consumo energético se ha incrementado un 50 por 100, el 30 por 100 de nuestra electricidad ya proviene de fuentes limpias y hemos reducido nuestro consumo energético por unidad de PIB en un 13 por 100. Por ejemplo, antes de ayer la producción de nuestra electricidad en España fue de fuentes de energías limpias prácticamente en un 70 por 100; un 40 por 100 de producción de energía eólica, batiendo el récord en nuestro país, récord histórico dadas las condiciones climatológicas. Pero eso pone de manifiesto el potencial que hemos sido capaces de poner en pie.

Ocupamos los primeros puestos a nivel mundial en tecnologías renovables: somos el cuarto país del mundo en capacidad instalada en eólica; el segundo, en fotovoltaica, y el primero, en termosolar. Nuestro sector de renovables es un sector industrial sólido, que genera doscientos mil empleos y que apuesta por el desarrollo tecnológico, situándonos, según la OCDE, como el segundo país de Europa en solicitudes de patentes de renovables, sólo por detrás de Alemania y seguimos apostando por un modelo energético sostenible a futuro. Para 2020, al menos el 20 por 100 de la energía final provendrá de fuentes de energías renovables, la intensidad energética se reducirá un 20 por 100 y las emisiones de CO2 bajarán un 10 por 100 respecto a los niveles actuales.

Para lograr estos objetivos con el mínimo coste para los consumidores, el Gobierno ha abierto un diálogo con los partidos y con las empresas energéticas para alcanzar un acuerdo sobre política energética que siente las bases para los próximos diez años. Es un acuerdo decisivo para nuestro país y debe ser, si lo logramos, un buen modelo para el conjunto de los países de la OCDE. Traerá importantes beneficios en términos de estabilidad regulatoria, de favorecer la inversión y de aportar un impulso de nueva tecnología y de innovación al conjunto de nuestro sistema económico.

Pero debo recordar que afrontar el cambio climático y tener una perspectiva medioambiental en el futuro de la economía no depende sólo del ámbito energético; estamos también apostando por el transporte sostenible, con un plan de impulso al transporte de mercancías por ferrocarril y buscamos duplicar su peso en los próximos diez años, por el desarrollo del vehículo eléctrico con un plan para tener 250.000 vehículos en circulación en 2015 y también por una edificación sostenible, con un nuevo Código de Edificación que mejore la calidad energética de las viviendas y una fuerte apuesta por la rehabilitación como motor de generación de empleo y ahorro energético.

Considerando conjuntamente todos los empleos en renovables, transporte sostenible, edificación sostenible y ecoindustria, estimamos que existe un potencial de creación de empleo de la economía medioambientalmente sostenible en torno a un millón de trabajadores en la próxima década; de trabajadores y de empleos, normalmente, con alta cualificación.

La llamada, pues, 'economía verde' representa un gran potencial de futuro para la generación de empleo, para el avance tecnológico y para la competitividad de las economías; desde luego, para España.

La realización de este potencial depende, en gran medida, de la apuesta del sector empresarial, de su apuesta. Por ello deseo y confío que la discusión de hoy sirva para aunar objetivos y para poner en marcha ideas compartidas que nos permitan afrontar esta grandísima e importantísima transformación que estamos viviendo en el sector energético en todo el mundo. Muchas gracias.

어휘표

adj. adjetivo(형용사)
adv. adverbio(부사)
v. verbo(동사)
pl. plural(복수)
f. sustantivo femenino(여성 명사)
m. sustantivo masculino(남성 명사)
lat. latín(라틴어)
gr. griego(그리스어)

A

abad m. 수도원장, 신부
abadía f. 수도원장의 직, 수도원
abrigar v. 지키다, 돕다, (생각을) 품다
abstracción f. 추출, 추상, 추상적 개념
abultado,da adj. 부피가 큰
aceite m. 기름, 석유
aclamar v. 갈채를 보내다
acreedor, ra m.f. 채권자
acudir v. 쫓아가다, 구원을 청하다
acuerdo m. 협약
acústico, ca adj. 청각의, 청력의, 귀의
adecuado, da adj. 적합한, 적절한
adicional adj. 추가의, 부가적인
admirable adj. 감탄할 만한, 훌륭한
admirador, ra m.f. 숭배자, 감탄자
adquisitivo, va adj. 구매의
adulto, ta m.f. 성인, 어른
aficionado, da adj., m.f. ~을 좋아하는; 애호가
aficionar v. 마음에 들게 하다 ~se (~이) 좋아지다, 열중하다
afirmar v. 긍정・단언하다, 단단히 굳히다
afrentar v. 모욕하다, 부끄럽게 하다
afrontar v. 마주 보게 하다, 대면하다
agape gr. 아가페적 사랑
Agencia Internacional de la Energía 국제에너지기구
agente m. 요인, 동인
ágil adj. 민첩한, 날쌘
agitar v. 흔들다, 뒤흔들다
agujero m. 구멍
airado, da adj. 화난, 무질서한
alabastro m. 설화석고
alargar v. 길게 하다, ~se 길어지다
alcachofa f. 야생 엉겅퀴
aldea f. 마을, 시골
aleccionar v. 가르치다, 익히게 하다
alterar v. 바꾸다, 동요시키다
ambición f. 야심, 바람
añadir v. 첨가하다, 보태다
anatómico, ca adj., m.f. 해부의; 해

부학자

animación f. 활력, 활기, 동화

antecedente m. 전례, 전력

antelación f. 앞지름

anteponer v. 우선시키다, 오히려 ~을 좋아하다

apenas adv. 거의 ~않다, 간신히

aplastar v. 납작하게 하다, 진압하다

apogeo m. 극, 절정

aportación f. 기여, 부담금, 출자금

apostar v. 겨루다, 내기를 하다

apresurar v. 독촉하다 ~se 급히 ~하다

aprisionar v. 포로로 하다, 붙잡다

aprobación f. 승인, 인가, 합격

aprovechar v. 이용하다

aptitud f. 적합성, 능력, 소질, 솜씨

apuesta f. 내기, 거는 돈

apuesto, ta adj. 멋진, 맵시 있는, 차려입은

arca f. 상자, 궤, pl. 금고

arco m. 아치 ~iris 무지개

arraigado, da adj. 뿌리를 박은, 견고하게 된

arrancar v. 뿌리째 뽑다, 빼앗다

arriuinar v. 황폐시키다, 파괴시키다

arrojar v. 던지다 ~se 뛰어들다, 감행하다

arruga f. 주름, 구김살

arruinar v. 황폐시키다, 파산시키다

articulación f. 마디, 관절, 연결(부)

artillería f. 포병(대), 대포

asado, da adj. 구운

ascender v. 오르다, (~에) 달하다, 오르게 하다

asegurado, da adj. 보증이 된, 든든한

asentir v. 동의・승낙하다

asesinato m. 암살

asignatura f. 과목

aterrizar v. 착륙하다

atracción f. 끌어당김, 매력

atracón m. 포식, 과식

augurar v. 예언하다, 예측하다

aumentar v. 늘리다, 증가시키다, 증진하다

auténtico, ca adj. 진정한, 진짜의, 정식의

autopsia f. 해부, 시체검시

avalancha f. 홍수, 산사태, 쇄도

avaricia f. 욕심, 탐욕

avaro, ra adj., m.f. 욕심 많은, 인색한; 욕심쟁이, 구두쇠

avergonzar v. 부끄러움을 알게 하다 ~se 수치스러워하다

aviso m. 알림, 경고

B

bacalao m. 대구

banderilla f. (투우에서 작은 깃발이 달린) 작살

barba f. 턱, 턱수염

batir v. (기록을) 깨다, 세게 치다, 부수다

benemérito, ta adj. 공로가 있는, 표창할 만한

benevolencia f. 자비심, 박애, 선행

berenjena f. 가지

bienestar m. 안락, 복지

billete m. 지폐, 표

bizco adj., m.f. 사팔눈의; 사팔뜨기
bocado m. 한 입, 한 입 거리, 가벼운 식사
bocina f. 경적, 클랙슨
bola f. 구슬, 공
bollo m. 빵, 싸움
bondad f. 친절, 착한 마음씨
bondadoso, sa adj. 친절한, 다정한
borrar v. 지우다
bosquejo m. 소묘, 스케치
brida f. 고삐
brindar v. 건배하다, 제공하다
brotar v. 움트다, 새싹이 돋다, 시작하다
buñuelo m. 튀김과자, 크로켓

C

cabalgata f. 말을 탄 사람들 (행렬), 기마대
caballete m. 용마루, 콧날, 받침틀
cadáver m. 시체
caída f. 낙하, 하강, 붕괴, 경사
calamar m. 오징어
calcular v. 계산하다, 계획하다
calentamiento m. 온난화, ~global 지구 온난화
callado, da adj. 조용한, 말이 없는
calzada f. 돌을 깐 길
campaña f. 캠페인, 싸움
campeador m. 전투의 영웅
canalizar v. 방향을 정하다, 유도하다, 수로를 만들다
capa f. 투우용 망토
capital-riesgo m. 벤처기업(자본)
cara f. 얼굴, de ~a ~과 관련하여
caridad f. 자비, 자선, 정의
carnoso, sa adj. 살이 많은, 육질의
carreta f. 짐차, 달구지
carretero m. 차 전용로, 마부, 소몰이
castigar v. 벌주다, 괴롭히다
castizo adj. 혈통이 순수한, 순종의
casualidad f. 우연
caudillo m. 대장, 두목
cefalea f. 만성두통
célebre adj. 이름난, 유명한
ceremonioso adj. 예의바른, 근엄한, 격식을 차린
chimenea f. 굴뚝, 난로, 벽난로, 화덕
ciervo m. 사슴
cifra f. 수, 숫자
cimentar v. (~의) 기초공사를 하다, 세우다
círculo m. 순환, ~virtuoso 선순환
clarín m. 나팔, 나팔수
climático, ca adj. 기후의
cocido, da adj. 삶은, 구운
cocinero, ra m.f. 요리사
coincidencia f. 일치, 부합, 합치
cojear v. 다리를 절다, 절름거리다
cola f. 줄, 꼬리
comensal m.f. 한 식탁에서 식사하는 사람
comestible adj. 식용의; m.pl. 식료품
compartir v. 분담하다, 공동으로 하다
compasión f. 불쌍히 여김, 동정
competencia f. 경쟁, 능력, 권한
competir v. 경쟁하다
comprobación f. 확인, 대조, 증명

concebir v. 임신하다, 생각하다, 품다 ~se 생각할 수 있다

concienciación f. 양심, 자각

concordar v. 일치시키다, 일치하다

conde m. 백작

confirmar v. 확실히 하다, 확인하다

confitería f. 제과점

confluir v. 한곳으로 모여들다, 합류하다, 서로 만나다

conforme adj. 만족한, 단념한, 적합한

conjugar v. 접합시키다, 조정하다

conmover v. 떨게 만들다, 감동시키다

conquistar v. 정복하다, 획득하다

conseguir v. 얻다, 입수하다, 획득하다

consejero, ra m.f. 조언자

consuelo m. 위로, 위안

consumición f. 소비, 소비물, 소비량

consumo m. 소비

contar v. (+ con) 가지고 있다, ~이 있다

contemplación f. 심사숙고, 명상

contemporáneo, a adj. 동시대의, 현대의

continente m. 대륙, 본토, 용기(容器)

contrario, ria adj. 반대의, al ~반대로

contribución f. 공헌, 협조, 분담금, 조세, 기부금

convergencia f. 집중, 집합

coraje m. 용기, 분함

coreografía f. 무용술, 안무법

corrección f. 채점

corrector, ra adj. 수정의

corregidor m. (옛날의) 시・읍・면장

corte f. 수도, 궁정, 법원

cortesía f. 예의, 정중, 경어

costar v. (값이) ~이다

cotidiano, na adj. 매일의

crecimiento m. 성장, 상승

creencia f. 믿음, 확신

crimen m. 범죄

crudo, da adj. 날것의, 거친, 심한

cuadrilla f. 투우사의 일단, 조(組), 일당

cualificación f. 평가, 평점

cubrir v. 덮다 ~se 덮이다

cuestión f. 문제, 질문, 논점

D

decadencia f. 퇴폐, 타락

decibelio m. 데시벨

decididamente adv. 굳게 마음먹고, 결정적으로

declaración f. 발표, 선언, 고백

decretar v. 명하다, 법령으로 공포하다

dedo m. 손가락, 발가락

deducir v. 추정하다, 짐작하다

déficit m. 적자, 부족, 손해

deformidad f. 기형, 불구, 실수

degradación f. 몰락, 추락, 강등

demográfico, ca adj. 인구의, 인구 통계의

demonio m. 악마

denominar v. 명명하다, 칭하다

depreciar v. 값을 떨어뜨리다

depresión f. 압축, 함몰, 침강, 하강

desdeñosamente adv. 경멸적으로

desempeño m. 수행, 이행

desempleo m. 실업, 실직

desfile m. 행렬
desmantelamiento m. 방벽의 파괴
desmontar v. 허물다, 분해하다, 벌채하다
despegar v. 이륙하다
despertador m. 자명종
despliegue m. 전개, 넓히는 일
desproporcionado, da adj. 어울리지 않는, 균형을 잃은
destacar v. 두드러지게 하다, 빼어나다
desvelo m. 밤샘, 불면, 고생
detenidamente adv. 천천히, 신중하게
determinación f. 결정, 확정, 결심
deudor, ra m.f. 채무자
devolver v. 되돌려주다, 반납하다
difundir v. 널리 알리다 ~se 퍼지다, 유포하다
difunto, ta adj., m.f. 죽은; 고인
difusión f. 보급, 유포, 방송
dígito m. 아라비아 숫자
digno, na adj. (~에) 어울리는, 부끄럽지 않은
dilapidar v. 황폐시키다, 파손시키다, 낭비하다
discípulo, la m.f. 제자
discurso m. 연설, 강연
discutir v. 논쟁하다, 토의하다
disección f. 해부, 박제
diseñar v. 설계하다, 디자인하다
disfunción f. 기능의 장애, 변조
disgustado, da adj. 언짢아진, 속상한, 불유쾌한
disminución f. 감소, 단축, 축소
distinguir v. 구별하다, 분명하게 하다
distraer v. 기분을 풀어주다 ~se 즐기다, 심심풀이하다
distribuir v. 분배하다, 공급하다
diversión f. 기분 전환, 오락
divino, na adj. 신의, 신성한
duque m. 공작
duro, ra adj. 단단한, 강한, 심한

E

ebrio, ria adj. 술에 취한, 마음이 홀린
ecoindustria f. 친환경 산업
ecologista m.f. 환경운동가, 자연 보호 전문가
economía f.경제, ~emergente 신흥경제국
ecuestre adj. 승마의, 말 탄 자세의
edificación f. 건축(물)
efervescencia f. 흥분, 들끓음
eliminar v. 제거하다, 추방하다
emerger v. 돌출하다
eminente adj. 높은, 뛰어난
emisión f. 배출, 방사, 방송
empresa f. 기업, 회사, 기획
empujar v. 밀다, 밀어 올리다
enaltecedor, ra adj. 높이 받들어지는
enano, na adj., m.f. 아주 작은, 왜소한; 난쟁이
encaminar v. 길을 가르쳐 주다, 향하다
encarnación f. 화신, 인격화
encuesta f. 조사, 여론 조사
engrasar v. 기름을 칠하다, 살찌게 하다
enrollar v. 감다 ~se 지나치게 늘이다,

장황하게 끌다

ensordecedor, ra adj. 귀가 찢어지는 (듯한), 시끄러운

entrada f. 입장권, 입구

entresacar v. 가려내다, 끄집어내다

entrever v. 희미하게 보다, 추측하다, 짐작하다

entusiasmo m. 열중, 열광, 감격

enumerar v. 열거하다

enunciado m. 진술, 의견 발표, 성명

envejecimiento m. 노후, 늙음

envoltorio m. 포장, 포장지

envolver v. 싸다, 말다, 감다

eólico, ca adj. 바람의, 바람에 의한

equinoccio m. 춘분, 추분

errar v. 틀리다, 잘못하다, 방랑하다, 헤매다

erudito, ta adj., m.f. 학식 있는; 학자, 박식한 사람

escalada f. 기어오르기

escalinata f. 돌계단

escape m. 배기, 도망

escrúpulo m. 근심, 걱정, 염려, 배려

escultor, ra m.f. 조각가

escultura f. 조각

especie f. 종류, 사건, 구실

específico, ca adj. 특수한, 특효가 있는

espeso, sa adj. 짙은, 빽빽한, 두터운

espontáneo, a adj. 자발적인, 임의의, 자연적인

estagnación f. 침체, 부진

estandarte m. 기, 군기(軍旗)

estatua f. 상, 조상(彫像)

estético, ca adj. 미의, 미학의, 예술적인

estímulo m. 자극, 격려

Estocolmo 지명. 스톡호름

estrépito m. 큰 소리, 호들갑스러움

estridente adj. 날카로운, 찌르는 듯한

estropeado, da adj. 망가진, 상한

eterno, na adj. 영원한, 영구의, 불멸의

evolución f. 진전, 발달, 변화

excavación f. 발굴, 땅파기

exento, ta adj. ~을 면제 받은, ~이 없는

expirar v. 죽다, 숨을 거두다

explotar v. 개발하다, 이용하다

exquisito, ta adj. 더할 나위 없이 훌륭한, 우수한

extenso, sa adj. 넓은, 광범위한

extraordinario, ria adj. 이상한, 특별한

extravagante adj. 낭비의, 터무니없는, 엉뚱한

F

fábrica f. 공장

fanático, ca adj. 열광적인, 광신적인

fanatismo m. 열광, 광신

fascinante adj. 매혹적인

fase f. 상(相), 형상, 단계, 경과

fatiga f. 노동, 노고, 고생, 피로

favorecer v. 돕다, 호의를 베풀다, 돋보이게 하다

favorito, ta adj., m.f. 아주 좋아하는; 마음에 드는 사람

fiel adj. 충실한, 정확한, 정직한

filia gr. 필리아, 친구와의 사랑

finanza f. 재산, 재력, 국고, 재정

fondo m. 바닥, 자산, 기금, 기저

formación f. 훈련, 도야, 형성
fórmula f. 형식, 방식, 상투적 문구
foro m. 토론(회), (고대 로마) 중앙 광장, ~Empresarial 기업가 포럼
fortalecer v. 강화하다, 튼튼하게 하다
fosforescencia f. 인광, 푸른 빛
fotovoltaico, ca adj. 광전지의, 광발전의
frac m. 연미복
fuente f. 원천, ~de energías limpias 청정에너지원
función f. 상연, 흥행, 기능

G

galardón m. 사례금, 보수, 포상
galería f. 회랑, 통로, 화랑
gallardía f. 늠름함, 씩씩함, 용기
garrotazo m. 몽둥이로 때리기
gazpacho m. 가스파초
generar v. 생산하다, 산출하다
genial adj. 천재적인, 기발한, 유쾌한
gentil adj. 품위있는, 세련된, 온순한
germano, na adj., m.f. 게르만족의, 독일의; 게르만인, 독일사람
gracia f. 우아, 부드러움, 자비
grave adj. 무거운, 심각한
grillo m. 귀뚜라미, 싹, 근심
grueso, sa adj. 두꺼운, 굵은, 어리석은, 전체의
guerrero, ra adj., m.f. 전쟁의, 호전적인; 전사, 전투원
guisante m. 완두(콩)

H

hallazgo m. 발견, 습득
hazaña f. 공로, 공헌, 무훈
hechizar v. 마술을 걸다, 저주하다
hechura f. 제작, 제조, 공임
herencia f. 상속, 상속재산, 유전
heroico, ca adj. 영웅의, 영웅적인, 효력이 강한
herramienta f. 도구, 연장, 도구류
hilacha f. 풀린 실, 의미 없는 부분, 누더기
hipoacusia f. 청력저하, 청각장애, 난청
homenaje m. 존경, 충성의 맹세
honrar v. 명예를 주다, 대접하다, 존경하다
horca f. 교수대
hortaliza f. 채소
hosco, ca adj. 묵뚝뚝한, 언짢은, 가무잡잡한
hospedaje m. 숙박(료), 환대
huída f. 도망, 도주
humildad f. 겸손, 겸허, 비굴
humillar v. 굴복시키다, 망신을 주다, (머리를) 수그리다
huracán m. 태풍, 허리케인

I

ignorar v. 모르다, 모르고 있다
ilustre adj. 뛰어난, 유명한
impedir v. 방해하다, 막다
implantación f. 유행시키는 일, 수립
improvisar v. 즉흥으로 하다
impuesto, ta adj. 부과된; m. 세금
inadvertido, da adj. 부주의한, 모르고 있는

inclinación f. 기울기, 경향, 성향, 기호
incredulidad f. 의심이 많음, 회의, 무신앙
indignación f. 분노, 분개
inefable adj. 말로 다 할 수 없는
infancia f. 어린이, 유아, 유년기
inferior adj. 아래의, 하위의, 열등한
inflación f. 팽창, 과장, 인플레
influencia f. 영향, 작용, 세력
infraestructura f. 기반시설
ingenio m. 발명의 재능, 창의, 재주
ingenioso, sa adj. 재능이 있는, 영리한
ingente adj. 거대한
ingerir v. 섭취하다
ingreso m. 가입, 입학, 입금, 수입
inmensamente adv. 무한히, 헤아릴 수 없이
innovador, ra adj., m.f. 혁신하는; 혁신자
insistentemente adv. 억지로, 강요로
insomnio m. 불면증
inspiración f. 영감, 고취, 감격
instigar v. 부추기다, 꼬드기다
integrar v. 완전하게 하다, 구성하다 ~se 들어가다
interminable adj. 끝이 없는
interrumpir v. 중단시키다, 저지하다
inundar v. 범람시키다, 밀어닥치다, 가득 차게 하다
invencible adj. 무적의, 극복하기 어려운
inversión f. 투자
irreversible adj. 변경할 수 없는, 철회할 수 없는
irreversiblemente adv. 철회할 수 없이, 뒤집을 수 없게

J

jaula f. 새장, 감금실
jinete m. 기수, 기마병
judía f. 강낭콩
juntar v. 함께 하다 ~se 모이다
jurar v. 맹세하다, 선서하다

L

ladrido m. 개의 짖는 소리
lanza f. 창
legendario, ria adj. 이야기의, 전설(상)의
legumbre f. 채소
librar v. 벗어나게 하다, 면제하다
licencia f. 허가(서), 면허(증)
lidia f. 전쟁, 투기
lienzo m. 화폭, 캔버스, 삼베
ligado, da adj. 연결된
limosna f. 동냥, 헌금
literato, ta adj., m.f. 문장의, 문학의; 문인, 문학자
localización f. 위치파악, 위치, 배치
lomo m. 등, 등심살
lucir v. 빛나다, 두드러져 보이다
lúgubre adj. 우울한, 음산한, 침울한

M

macho m. 수컷
madrileño, ña adj. m.f. 마드리드의; 마드리드 사람

magnánimo, ma adj. 도량이 넓은, 대범한

majestad f. 위엄, Su ~폐하

maligno adj. 해로운, 악의에 찬, 간사한

mañana m. 미래, 장래

mancebo m. 젊은이

mancha f. 얼룩, 점

mandíbula f. 턱

manta f. 모포

manteca f. 버터, 지방

mantel m. 테이블보

mantener v. 지속하다, 유지하다

maquinaria f. 기계

marca f. 상표

marisco m. 조개, 해산물

martillo m. 망치

masa f. 반죽, 덩어리

medición f. 계량, 측정

mediomabiental adj. 환경의

menear v. 흔들다, 진동하다

menina f. 시녀

menospreciar v. 무시하다

mentalizar v. 마음의 준비를 하게 하다

mercadotecnia f. 마케팅

Mesa Redonda f. 원탁회담, 라운드 테이블

mesón m. 술집, 여관

milagro m. 기적

miserable adj. 비참한, 불쌍한

moderador, ra adj., m.f. 조절하는; 의장, 사회자

monarca f. 군주

monasterio m. 수도원

morisco, ca adj., m.f. 모로인의; 국토 회복 후에 스페인에 남아 있던 모로인

moro, ra adj., m.f. 모로인의; 모로인

muralismo m. 벽화

N

nefasto, ta adj. 아주 싫은, 불길한

negocio m. 사업, 장사

netamente adv. 순수하게, 완전히

neumático, ca adj. 공기의, 공기가 들어 있는

nido m. 둥지

nombrar v. 명명하다

nómina f. 목록, 명부

normativo, va adj. 표준적인

notorio, ria adj. 세상에 알려진, 유명한

nube f. 구름

numeroso, sa adj. 다수의, 수많은

O

observación f. 관찰

obtener v. 얻다, 획득하다

OCDE OECD(Organización para la Cooperación y el Desarrollo Económicos)

odiar v. 증오하다

odio m. 증오

omnipresente adj. 모든 곳에 다 있는

oportunidad f. 기회

órbita f. (천체의) 궤도, 권

oreja f. 귀

organismo m. 유기체, 생물체

ortografía f. 정서법, 정자법

oscuridad f. 어둠, 모호, 막연
otorgar v. 주다, 수여하다

P

padecer v. (해를) 입다, (병에) 걸리다
palanca f. 효과적인 수단, 지원, 후원
palillo m. 가느다란 막대기
palito m. 작은 막대기
paparrucha f. 유언비어, 낭설
paraíso m. 천국, 낙원
paréntesis m. 괄호
pariente, ta m. f. 친척
paro m. 실업, 파업, 휴업
partida f. 출발, 기입, 품목
pasta f. 반죽, 덩어리
patriótico, ca adj. 애국적인
pavo m. 칠면조
pecho m. 가슴
peculiaridad f. 특성, 특색
pelea f. 싸움, 말다툼
pelear v. 싸우다
pendiente adj. 해결해야 하는, 미결정의
penitencia f. 속죄, 뉘우침
percibir v. 지각하다, 느끼다, 받아들이다
perdurar v. 오래 지속되다, 오래 가다
peregrinaje m. 순례
peregrino, na adj., m.f. 순례의; 순례자
pereza f. 게으름, 나태
pérfido, da adj. 부실한, 불충한
perfume m. 향, 향수
perseverancia f. 끈덕짐, 근성, 완강함
perspectiva f. 원근법, 조망, 전망, 장래
pertenecer v. 속하다, 관계가 있다
petróleo m. 석유
PIB 국내총생산(Producto Interno Bruto)
pichón m. 새끼 비둘기
pico m. 부리, 소량
pictórico, ca adj. 회화의
pincel m. 붓, 화풍
pirulí m. 캐러멜
plasmar v. 모양을 만들다, 반죽하다, 조형하다
poder m. 힘, 능력
polaco, ca adj., m.f. 폴란드의; 폴란드 사람
polución f. 오염, 공해
popularidad f. 인기, 유행, 일반성
posada f. 주거, 여관
postura f. 자세, 입찰, 규정 가격
pote m. 항아리, 냄비
potencia f. 힘, 능력, 세력
precaución f. 조심, 신중, 예방
precipitación f. 조급, 경솔, 낙하
preconizar v. 권장하다, 찬양하다, 후원하다
precoz adj. 조숙한, 일찍 핀
predilección f. 편애, 애호
predisponer v. ~하게 하다, ~하는 성향을 갖게 하다
preindustrial adj. 산업혁명 이전의
prensa f. 신문, 저널리즘, 인쇄(물)
presidir v. 주재하다, 통할하다, 지배하다
preso, sa adj., m.f. 붙잡힌; 포로
prestar v. 빌려주다
previamente adv. 미리, 사전에
primicia f. 햇것, pl. 처녀작, 초산물

primordialmente adv. 근본적으로
pringar v. 기름을 바르다 ~se 더럽혀지다
prioritario, ria adj. 우선권을 갖는
prisa f. 서두름
prisionero, ra m.f. 포로, 죄수
privilegio m. 특권
procedencia f. 기원, 출처, 출발점
prometer v. 약속하다
propiedad f. 소유(권), 소유물, 기질, 특성
proponer v. 신청하다 ~se ~하려고 하다, 꾀하다
proporcionar v. 제공・공급하다, 균형을 잡히게 하다
proseguir v. 계속해서 하다
prosperar v. 번영시키다, 번창하다
protagonista m.f. 주인공
proveniente adj. 내려오는, 유래한
provenir v. 유래하다, 비롯되다
proyección f. (영화의) 영사, 투사
prudencia f. 신중, 분별
publicitario, ria adj. 광고의
puchero m. 냄비, 전골 요리
puer aeternus lat. 영원한 젊은이 (eterna juventud)
puñado m. 한 줌, 한 움큼
puntuación f. 구두점, 구두법

Q

quebradero m. 근심거리
quebrar v. 깨다, 부수다
quinta f. 별장, 징병

R

rabo m. 꼬리
ración f. 몫, 배당분
raído, da adj. 닳아빠진, 뻔뻔스런
rape m. 아귀
rastro m. 자국, 흔적
rayano, na adj. 인접한, 경계의, 가까운
razonamiento m. 추리, 연구, 이유 붙임
rebanada f. 길쭉한 조각
reconocer v. 인정하다, 알아보다
récord m. 기록
recortar v. 잘라 버리다, 다지다
recorte m. 잘라 버리기, 다지기
rectificar v. 개정하다, 수정하다, 교정하다
redondo, da adj. 둥근
reducir v. 줄이다, 요약하다, (~상태로)하다
referencia f. 언급, 이야기, 관련
reflexionar v. 숙고하다, 반성하다
regocijo m. 환희
regulatorio, ria adj. 규제력을 지닌
rehabilitación f. 복원, 복귀, 부흥
relámpago m. 번개
relevancia f. 중요성
relieve m. 부조, 양각, 기복
rendición f. 항복
rendimiento m. 능률, 이득, 굴종, 피곤
reo, a adj., m.f. 죄가 있는; 죄인
repercutir v. 되돌아오다, 반향하다
repetir v. 반복하다
resignación f. 사임, 포기, 단념
resonancia f. 울림, 반향
resonante adj. 잘 울리는
responder v. 대답하다

restante adj. 남은
restar v. 남다, 남아 있다
resto m. 나머지, 잔여, pl. 유물
reto m. 도전, 위협
retorcer v. 꼬다, 비틀다
retrato m. 초상화
revelar v. 밝히다, 폭로하다
revolotear v. 훨훨 날다
revolucionar v. 혁명을 일으키다, 개혁하다
rezar v. 기도하다, 빌다
robusto, ta adj. 씩씩한, 건장한
rodear v. 둘러싸다, 돌다
rudo, da adj. 거친, 예의 없는, 가혹한

S

sabiduría f. 현명함, 지식
sabio, bia adj., m.f. 박식한, 현명한; 현자, 학자
sabotear v. 태업하다, 고의로 파괴하다
sacar v. (표를) 끊다, 꺼내다
sacerdotal adj. 승려・사제의
saliente adj. 나온, 돌출한, 뛰어난
semblante m. 안색, 용모, 외견
sentencia f. 판결, 선고, 격언
señero, ra adj. 뛰어난, 고독한
sepia f. 뼈오징어
sepulcro m. 묘, 무덤
serenar v. 가라앉히다 ~se 진정하다
servidumbre f. (하인의) 봉공, 의무
servilleta f. 냅킨
seso m. 뇌, 이성, 신중
silbar v. 휘파람을 불다, 쉿쉿하는 소리를 내어 집어치우게 하다
sincero, ra adj. 진실한, 진지한
sobra f. 과다, 여분
sobresalto m. 경악, 질겁하는 일
sobriedad f. 절식, 절제, 수수함
sobrio, ria adj. 절제하는, 수수한
socorro m. 구조, 원조
soltar v. 풀어주다 ~se 풀리다, 뛰쳐나가다
sombrío, ría adj. 어두운, 우울한
sondear v. 검사하다, 찾아보다
sonoro, ra adj. 울려 퍼지는, 유성의
soportar v. 견디다, 참다
sordera f. 귀머거리
sospechar v. 의심하다, (~에게) 혐의를 두다
sostener v. 받치다, 지지하다
storgue gr. 스토르게, 가족 간의 사랑
súbdito, ta adj., m.f. 예속된; 부하, 신하
subsidio m. 보조, 후원, 원조
subsistir v. 존속하다, 계속되다, 살다
subtitulación f. 자막 처리
suficiente adj. 충분한
supervivencia f. 잔존, 생존
surcar v. 고랑을 파다, 헤쳐 나가다
suspender v. 낙제시키다, 중지하다, 매달다
sustituir v. 대체하다, 바꾸다

T

taberna f. 주점
tabernero, ra m.f. 술집 주인
taladradora f. 드릴
taller m. 작업장, 공장, 화실

tasa f. 비율, 평가(액)
tembloroso, sa adj. 덜덜 떨리는, 흔들리는
tender v. 넓히다 ~a +inf. (~하는) 경향이 있다
tentativa f. 시험, 기도(企圖), 미수행위
termosolar adj. 태양열의
tertulia f. 모임
tesoro m. 보물, 재산
tigre m. 호랑이
tirar v. 던지다
tocino m. 돼지 비계살
tocuyo m. 결이 곱지 못한 무명
tolerancia f. 허용, 허용의 정도, 관용
torcido, da adj. 꼬인, 비틀어진
torear v. 투우를 하다
tortuga f. 거북
tortura f. 고문, 고뇌
tranquilamente adv. 조용하게, 차분하게
transcurrir v. (시간이) 지나다, 흐르다
tranvía m. 전차
trastorno m. 혼란, 동요, 소란
trolebús m. 트롤리 버스
turco, ca adj., m.f. 터키의; 터키사람

U

único, ca adj. 유일한, 독특한
unidad f. 단위, 통일
Unión Europea 유럽연합

V

vacío, cía adj. 텅 빈, m. 틈, 허공
vanguardia f. 전위, 선구
vano, na adj. 헛된, en ~헛되이, 공연하게
variedad f. 변화, 다양성
venganza f. 복수
vigor m. 힘, 활기, 효력
vinculante adj. 연결이 되는
vocación f. 천명, 자질
vulgarmente adv. 세속적으로

Z

zaga f. 뒷부분, 꽁무니
zurrón m. 큰 주머니, 자루

중급 스페인어 강독

초판 1쇄 발행 2011년 2월 20일
초판 2쇄 발행 2012년 9월 10일
초판 3쇄 발행 2019년 1월 7일
초판 4쇄 발행 2021년 3월 2일

지은이 한국외대 스페인어통번역학과
발행인 윤성우 Director, University Knowledge press
편집장 신선호 Executive Knowledge Contents Creator
전자책 · 도서편집 장혜린 Contents Creator
도서편집 이근영 Contents Creator
재무관리 조아라 Managing Creator
발행처 한국외국어대학교 지식출판콘텐츠원
02450 서울특별시 동대문구 이문로 107
전화 02)2173-2493~7
FAX 02)2173-3363
홈페이지 http://press.hufs.ac.kr
전자우편 press@hufs.ac.kr
출판등록 제6-6호(1969. 4. 30)
디자인 · 편집 (주)이환디앤비 02)2254-4301
인쇄 · 제본 네오프린텍 02)718-3111

ISBN 978-89-7464-653-0 13770 정가 9,000원

* 잘못된 책은 교환하여 드립니다.

HU:NE 은 한국외국어대학교 지식출판콘텐츠원의 어학도서, 사회과학도서, 지역학도서 Sub Brand이다. 한국외대의 영문명인 HUFS, 현명한 국제전문가 양성(International+Intelligent)의 의미를 담고 있으며, 휴인(携引)의 뜻인 '이끌다, 끌고 나가다'라는 의미처럼 출판계를 이끄는 리더로서, 혁신의 이미지를 담고 있다.